Kinder, Hund, Familienbund

*Lustiges, Tierisches und Allzumenschliches
in Lyrik und Prosa*

Vera Hewener

AF206186

Edition Calamus

Über das Buch

Lustiges und Allzumenschliches, heitere Kindheitsge-schichten und Familienszenen, malerische Gartenstim-mungen, lebensfrohe Heimatgedichte und -geschichten, auch in moselfränkisch, humorvolle Tierballaden und Gedichte über Hunde versammelt Vera Hewener im Buch „Kinder, Hund, Familienbund" zu einem Lesever-gnügen der besonderen Art für die ganze Familie. Den Mut „zur poetischen Leichtigkeit" (Anja Kernig in SZ vom 07.12.2017) belohnte die Jury der Gesellschaft zur Förderung der Kunst und Literatur CEPAL in Thionvil-le/Frankreich beim 16. Literaturwettbewerb 2017 mit dem „Wilhelm Busch Preis".

Über die Autorin

Vera Hewener erhielt für ihr Werk mehrere internationale Auszeichnungen und Literaturpreise u.a. „Superpremio Cultura Lombarda" vom Centro Europeo di Cultura Rom (I) 2001, den „Grand Prix Européen de Poésie" von CEPAL Thionville (F) 2005, Goethepreis 2013, zuletzt Wilhelm-Busch Preis 2017.

Pressesplitter

„Offensichtlich steckt auch ein Schalk in Hewener, einer, der mit heiterer Leichtigkeit Reime und Silben sammelt, bündelt und wieder streut, der Pointen nicht scheut und es auch mal schätzt, den direkten Weg in die Herzen einschlagen zu kön-nen." SZ 07.12.2017 Anja Kernig
In Heweners Gedichten überlagern sich die Zeiten und Epochen. Die Vergangenheit ist ihren Zeilen ebenso nah wie die Gegenwart. Die Gedichte sind im wahrsten Sinn des Wortes farbenfroh. Vera Hewener versteht das Handwerk des Dichtens." SZ 29.07.2009 Beatrix Hoffmann

Kinder, Hund, Familienbund

*Lustiges, Tierisches und Allzumenschliches
in Lyrik und Prosa*

Vera Hewener

Edition Calamus

Die Deutsche Bibliothek verzeichnet diese Publikation in der Deutschen Nationalbibliografie; detaillierte bibliografische Daten sind im Internet unter www.http://dnb.dnb.de abrufbar.

Herstellung und Verlag:
BoD - Books on Demand
D- 22848 Norderstedt
Coverbild: www.pixabay.com

Printed in Germany
1. Auflage 2018
ISBN 9783746056821
9,90 €

Inhaltsverzeichnis

Die Pudeldame Edeltraut 8
Von Osterhasen und Klapperstörchen 10
Kindergebet 17
Das Osterlamm 18
Püttlinger Dom 22
Zwergschnauzers Kaffeekränzchen 23
Wir machen eine Reise. 25
Ladinische Ostertage 26
Gefunden 30
Der Dackel 31
Die Höhlenkinder 32
Wat ach kimmt, dat kummt. 37
Wahre Freundschaft 39
Im milden Wind des Frühsommers 40
Löwenzahn 41
Jack Russel Terrier 42
Ballade vom wahren Schneckenputsch 43
Nachbarschaftshilfe 45
Òm Ellbach 50
In da Bòònt in Wellingen 51
Morgendämmerung im Garten 52
Wunderbar ist die Welt 53
Von Fröschen und Fliegen 54
Iwam Rejenbogen 56
Amselin im Rausch 57
Rooda Mòjen 59
Mittachsbad 60
Òwendschlumma 61
Am Flutsaum 62
Quallengang 65
Nilschwemme 66

Ein Sommerspiel.. 67

Liebesleid 68

Jahreszeiten belustigt.. 70

Litt von da Erd... 71

Himmel und Hölle.. 73

Dahämm... 75

Gudd gess (Moselfränkisch).................................. 76

Gut gegessen (Hochdeutsch)................................ 79

Der Floh... 82

Umsonst... 84

Vorherbst... 85

Katzenjamma.. 87

Erster Abschied 88

Die Eitelkeit... 90

Monatslist.. 91

Abschied der Gartenvögel..................................... 92

Herbststurm.. 94

Abenteuer Herbst 95

Uff da Pirsch (Moselfränkisch)............................. 98

Auf der Pirsch (Hochdeutsch)............................ 103

Lachwald (Moselfränkisch) 108

Lachwald 110

Nicht schlecht Herr Specht................................. 112

Waldesluft 114

Erntezeit... 115

Die Blätter weinen.. 116

Herbstbeginn im Pinienwald............................... 117

Die Friedenstaube... 120

Übertritt... 122

Wetterprognose... 123

Fruchträuber... 124

Unwetter... 125

Zu viel oder zu wenig?.. 126

Zwischen Wendezeiten 131
Die Krippe von sankt Blasius............................. 132
Vogelrettung 137
Die Weihnachtskür 138
Pfannenkummer... 138
Von Weihnachtspuppen und anderen Gaben .. 139
Abzählreime zu Weihnachten 146
Greesendach 147
Die Faschingsbraut 148
Der Narr... 150
Phraserie 151
Wörterei.. 152
Reimerei.. 153
Der Dichter.. 153
Ausgang 154
Bücher von Vera Hewener 155

Die Pudeldame Edeltraut

Die Pudeldame Edeltraut
war edel wie der Name.
Sie warb als holde Lockenbraut,
machte Hundereklame.

Täglich gekämmt und rausgeputzt
mit Schleifchen und mit Leibchen,
streckt sie die Vorderpfot zum Gruß
den Kunden, Rüden, Weibchen.

Als Attraktion der Hundeschau
strahlte sie von Plakaten,
der Lockenkopf, apart in Blau,
gefiel den Zuchtmagnaten.

Am Tag der großen Attraktion
stolzierte sie verherrlicht
über das große Podium
in einem kleinen Kreis herum,
vergaß das Ende der Lektion,
lachte mit einem Herrn nicht.

Das war fatal, denn dieser
war ein Magnat, ein Spießer,
stand gern im Blitzgewitterschein
und wollte angehimmelt sein.

„Aus welchem schlechten Rudel
stammt dieser dumme Pudel?"
wetterte dieser voller Schmach,
bestürzt, war voller Ungemach.
„Wer mich nicht respektiert,
das Podium verliert!"

Die Dame Edeltraute
sich die Karrier' verbaute,
wurd fortan ständig aussortiert,
hat nie mehr auf der Schau posiert,
vor Kram sie ganz ergraute.

Von Osterhasen und Klapperstörchen

Zucker verdirbt nicht ohne Grund. Ob Kristallzucker, Rohrzucker, Kandiszucker oder Fruchtzucker, immer ist er süß und verzückt den Gaumen, so dass der Genießende mit der Zunge schnalzt und seine Augen den Ausdruck höchster Befriedigung erlangen, ja manch eine Pupille sich fast orgiastisch öffnet, strahlt und funkelt, als hätte der liebe Gott die hellste seiner Eingebungen verschickt.

Der Zucker, der sich in Salz verwandelte, war die Süße eines Nachmittags, vom Himmel ersonnen, um das Leben der Menschen auf dieser Erde etwas leichter zu gestalten. Dieser Zucker stand unschuldig auf einem der Tische eines Kaffeehauses, die auf Geheiß der Kaffeehauschefin von ihren Angestellten im Freien aufgestellt und hergerichtet worden waren für die Gäste, welche sie sich zahlreich erhoffte.

Denn nicht nur der Kalender hatte den Frühling ausgerufen. Auch der Wettergott hatte Erbarmen mit den von den Trübseligkeiten des Nebels und der Kälte geplagten Zeitgenossen. So war es auch die Sonne, die Alt und Jung an diesem Nachmittag ins Freie lockte und ihnen Spaziergänge abnötigte, um dem Himmel einen Gefallen zu erweisen.

Auch ich war unterwegs, stiefelte neben meiner Mutter und meinem Vater mit meinem jüngeren Bruder und der kleinen Greta, die vergnügt im

Kinderwagen thronte, durch die noch nasse Wiese, da es erst am Vortag geregnet hatte. Vielleicht war das ja auch der Grund für das unverhoffte Wetterleuchten dieses Sonntags.

Jedenfalls zog es mich immer zwei Meter weit weg von der Familienkolonne und irgendwann sagte Mutter: „Mariechen, jetzt komm endlich aus der nassen Wiese raus auf den Weg. Deine neuen Schuhe sind sonst ruiniert, bevor der Osterhase kommt und die Eier legt!"

Warum sie das nur sagte, wo sie doch genau wusste, dass ich sie letztes Jahr gesehen hatte, wie sie morgens noch flugs die angemalten Eier im Garten versteckte. So konnte ich nicht an mich halten und sagte: „Aber Mama, Hasen legen doch gar keine Eier, aber du schon!"

Etwas irritiert sah sie meinen Vater an, blickte dann streng zu mir und schimpfte: „Mariechen, so was sagt man nicht! Mütter legen keine Eier!"

Diesen Satz jedoch schnappte ein Junge der Familie auf, die uns gerade entgegen kam. „Du, Papa", zupfte er an der Jacke seines Vaters, „legst du denn auch Eier?" Der jedoch räusperte sich nur und meinte: „Nein, mein Junge."

„Aber wenn Ostern ist, verwandeln sich alle Eltern in Hasen und legen dann Eier in den Garten. Und wir Kinder müssen dann so tun, als wüssten wir nicht, von wem die vielen Eier herkommen!"

„Mariechen!", rief jetzt meine Mutter erbost, weil ihr mein Beharren auf meiner kindlichen Erkenntnis peinlich war, was ich damals jedoch nicht verstand. Ich zuckte erschrocken zusammen.

„Also gut, Eltern sind keine Eierleger", entschuldigte ich mich, fügte aber rasch hinzu: „Hasen aber auch nicht." Denn von dem, was ich letztes Jahr gesehen hatte, war ich felsenfest überzeugt. Und niemand, auch nicht meine Mutter, konnte einfach ungeschehen machen, was damals passiert war.

Das war meinem Vater nun auch zu viel des Guten und er ermahnte mich in seiner ruhigen, besänftigenden Art: „Lass jetzt gut sein, Mariechen, sonst könnte es sein, dass dir niemand mehr auf dieser Welt an Ostern Eier schenkt."

„Wenn Eltern die Eier in den Garten legen heißt das noch lange nicht, dass sie die Eier vorher selbst gelegt haben", erklärte meine Mama jetzt.

„Aber Mama, wenn die Eltern die Eier nicht legen und die Hasen auch nicht, von wem kommen dann die ganzen Eier, die wir im Garten finden?" fragte nun mein jüngerer Bruder verwirrt.

„Siehst du, jetzt hast du deinen Bruder um das Osterfest gebracht mit deinem vorlauten Gerede", sagte meine Mutter, mehr ratlos als strafend und suchte nach einer Antwort.

Ich verstand. Irgendetwas Geheimnisvolles musste dahinter stecken, wenn ich zwar wissen durfte, dass Mama die Eierversteckerin war, aber es so schwer war, ihre Existenz überhaupt zu erklären. Das war wohl so etwas wie mit dem Klapperstorch. Bis heute hatte ich keine einzige Bisswunde an den schönen schlanken Beinen meiner Mutter entdecken können. Dabei hatte sie schon dreimal Kinder auf die Welt gebracht.

„Wieso, feiern wir denn dieses Jahr nicht Ostern? Bloß, weil niemand die Eier gelegt haben will, obwohl sie da sind?" betrauerte Karlchen das Geschehen.

„Ach was, natürlich kommt der Osterhase und legt für euch Kinder Eier in den Garten, damit ihr sie finden könnt", sagte Papa.

„Kommt", unterbrach Mutter die Spannung, „lasst uns ins Kaffeehaus gehen. Dann könnt ihr euch ein Eis aussuchen und wir ein Stück Kuchen essen."

So hatte sie sich das also gedacht! Sie wollte mich mit dem Eis bestechen. Ich schwieg weiter, weil ich schweigen musste, weil ich sonst in mein Zimmer ausgesperrt werden würde. Aber ich hatte trotzdem Recht. Die Eier kamen von Mama!

So saßen wir denn zu viert am Kaffeehaustisch mit Greta im Kinderwagen und schleckten brav unser Eis. Das gefiel Mama, denn sie sagte: „So ist's recht. Schmeckt euch das Eis?"

„Ja", sagte Karlchen mit Schokomund und klebrigen Händen.

„Hm", brummelte ich und hoffte, in Ruhe gelassen zu werden, weil ich sonst womöglich wieder etwas Vorlautes hätte sagen können.

Als wir uns nun mit so viel himmlischer Süße und bemühtem Schweigen gegenüber saßen, kam die Kaffeehauschefin mit einem Korb voller bunter Eier an unseren Tisch. „Nun liebe Kinder, hat euch das Eis geschmeckt?"

„Ja, ganz lecker und so süß", entfuhr es mir unversehens, froh, dass ich mein aufgezwungenes Schweigen nun brechen durfte, ohne eine Strafe befürchten zu müssen.

„Schaut mal, was der Osterhase schon gebracht hat. Die hab ich heute in der Früh in der Wiese entdeckt. Wollt ihr euch welche aussuchen?"

„Da sind sie also auch eine Eierlegerin wie meine Mutter?" fragte ich ganz stolz ob meiner kindlichen Weisheit.

Mama und Papa erschraken, aber die Kaffeehauschefin lachte und sagte: "Liebes Mädchen, Mamas legen keine Eier, die bekommen Kinder, so wie du eins bist."

"Aber wenn Mamas keine Eier legen, wer ist dann der Storch, der sie ins Bein beißt, damit sie Kinder bekommen können?"

Vater versank im Stuhl und Mutter haspelte mit der Gabel, die ihr schließlich auf den Boden entglitt.

„Mit den Störchen ist das so eine Sache. Die fliegen nur einmal im Jahr und kommen auch nur, wenn sie Hunger haben."

„Nun stell sich das mal einer vor bei einer Hungersnot. So wie es uns die Schwester erzählt hat aus der Bibel mit den sieben schlechten Jahren. Das würde ja bedeuten, dass alle Frauen ununterbrochen Kinder bekommen würden, selbst die Nonnen in den Klöstern, obwohl die doch gar keine bekommen dürfen! Wenn das der liebe Gott erfährt."

Und augenblicklich schien sich der Zuckerguss auf dem Kuchen meiner Mutter in eine Salzkruste zu verwandeln, denn sie verzog das Gesicht, als hätte sie eine völlig versalzene Suppe gegessen.

„Störche hungern anders als die Menschen, weißt du. Man muss immer Zucker aufs Fensterbrett legen, damit sie satt werden und weiter fliegen."
„Schläfst du deshalb bei Mama, damit der Storch der Mama keine Kinder macht, Papa?" fragte ich nun besorgt.

„Mariechen, ich schlafe bei Mama, damit immer genug Zucker auf dem Fensterbrett liegt", versuchte mein Vater sich herauszureden in betont ruhigem Ton.

„Aber Papa, wenn immer genug Zucker auf dem Fensterbrett liegt, und kein Storch der Mama ins Bein gebissen hat, wo sind wir dann hergekommen? Dann kannst doch nur du der Mama die Kinder gemacht haben, weil du der einzige bist, der bei ihr im Bett schläft."

„Papa", fragte Karlchen wissbegierig, „wie machst du denn der Mama die Kinder? Beißt du dann der Mama ins Bein, wenn kein Storch in der Nähe ist?" Jetzt herrschte eine laute Stille, was nichts Gutes bedeuten konnte. Ich hatte wohl wieder etwas Vorlautes gesagt.

„Also Kinder, wenn ihr erwachsen seid, werdet ihr das besser verstehen. Die Kinder kommen vom lieben Gott. Und ihr wisst doch, dass man den nicht einfach fragen kann. Er weiß immer, wann die Kinder kommen sollen und wann nicht. Und wenn ihr jetzt brav seid und keine dummen Fragen mehr stellt, erhört er euch irgendwann und ihr werdet es erfahren."

Das war also das Geheimnis, der liebe Gott hatte uns gemacht! „Papa", fragte ich jetzt leise, weil ich befürchtete, der liebe Gott könnte mir zuhören und grollen, „Papa, beten wir deshalb Vater unser im Himmel und heißen deshalb alle Gotteskinder, weil er unser Vater ist?"

Kindergebet

Lieber Gott,
beschütz die Blumen, Gräser und Sträucher,
schick ihnen den Regen,
der sie wachsen lässt.

Lieber Gott,
beschütz die Hühner, Gänse und Hasen,
lass die Wiese wachsen,
damit sie genug Futter haben.

Lieber Gott,
beschütz die Kinder,
lass Osterhasen Eier verstecken,
damit wir in der Wiese
suchen können.

Lieber Gott,
lass Ostern werden,
sonst werden die Nester feucht
und die Eier färben ab.

Das Osterlamm

Kunde: Ich hätte gerne ein Osterlamm.

Verkäuferin: Ein Osterlamm, Sie hätten gerne ein Osterlamm?

Kunde: Ja, ein Osterlamm bitte.

Verkäuferin: Was hätten Sie denn gerne davon?

Kunde: Wie, was ich gerne von dem Osterlamm hätte? Zu Ostern gibt es ein komplettes Osterlamm.

Verkäuferin: Ein komplettes Osterlamm?

Kunde: Ja, was ist daran so ungewöhnlich?

Verkäuferin: Nun, ein ganzes Lamm haben wir nicht vorrätig. Das hätten Sie vorbestellen müssen.

Kunde: Vorbestellen? Aber es ist doch Gründonnerstag.

Verkäuferin: Eben! Deshalb kann ich Ihnen auch kein ganzes Osterlamm anbieten, nur bestimmte Teile wie hier zum Beispiel das Lammfilet, Lammrücken oder Lammkotelett.

Kunde: Wenn ich es heute bestelle, könnte ich es am Samstag abholen kommen?

Verkäuferin: Das ist viel zu kurz.

Kunde: Was ist zu kurz?

Verkäuferin: Na, die Zeit bis Samstag. Karfreitag wird nicht gearbeitet!

Kunde: Können Sie es denn nicht heute schlachten?

Verkäuferin: Wie stellen Sie sich das bitte vor? Wir schlachten doch nicht selbst. Wir beziehen unser Fleisch von einem renommierten biologischen Bauernhof.

Kunde: Ach so, Sie verkaufen nur. Weshalb steht dann da draußen Metzgerei auf dem Schild?

Verkäuferin: Wir verkaufen ja nicht nur. Wir verarbeiten das Fleisch auch zu anderen Produkten.

Kunde: Welche Produkte? Ich sehe hier nur Wurst.

Verkäuferin: Genau, die machen wir selbst, das heißt unser Metzger.

Kunde: Wofür braucht man dazu einen Metzger? Fleischbrei kann doch auch jemand anderes zubereiten.

Verkäuferin: Unser Metzger beint das Fleisch noch selbst aus und hat für unsere Produkte eigene Rezepturen. Wir produzieren nach Hausmacher Art.

Kunde: Sie meinen, wer ein Haus macht, kann auch Wurst fabrizieren?

Verkäuferin: Wie bitte? Was hat denn der Hausbau mit unseren Hausmacherspezialitäten zu tun?

Kunde: Das Wort, Hausmacher.

Verkäuferin: Hausmacher bedeutet in diesem Zusammenhang doch nicht, ein Haus zu bauen. Damit hat das nichts zu tun. Hausmacher ist die Art, wie jemand zu Hause seine Wurst macht.

Kunde: Ja, wenn jeder zu Hause seine Wurst selbst machen kann, wozu braucht man denn dazu noch eine Metzgerei? Ist die Wurst deshalb so teuer?

Verkäuferin: Die Wurst ist deshalb so teuer, weil wir nur gutes Fleisch verwenden, wie ich schon erwähnt habe, aus biologischer Aufzucht bei einem hiesigen Bauernhof.

Kunde: Sie meinen, wenn Sie das Fleisch dort kaufen, ist es teurer, als wenn ich es dort einkaufe?

Verkäuferin: So kann man das nicht sagen.

Kunde: Wie denn dann?

Verkäuferin: Wir haben auch andere Kosten, wenn wir Fleisch dort kaufen.

Kunde: Wenn ich bei Ihnen einkaufe, entstehen mir auch Kosten.

Verkäuferin: Wenn wir auf dem Bauernhof „Fleischgesund" in Überherrn einkaufen, entstehen Transport- und Personalkosten, ebenso für die Rezepturen, die Zubereitung und den Verkauf.

Kunde: Ich habe ebenfalls Transportkosten, wenn ich zu Ihnen komme.

Verkäuferin: Sie müssen aber nicht so weit fahren wie wir.

Kunde: So, wo befindet sich denn dieser Bauernhof „Fleischgesund" in Überherrn?

Verkäuferin: Na, wenn Sie von der Hauptstraße in Überherrn kommen, biegen Sie am Bahnübergang in Richtung Wadgassen ein. Dann fahren Sie dort etwa einen Kilometer weiter geradeaus. Nach drei Feldwegen biegen Sie auf den asphaltierten Feldweg rechts ein und dann etwa dreihundert Meter weiter. Dann stehen Sie direkt davor.

Kunde: Aha, dann will ich Ihre Transport-, Personal- und andere Kosten nicht weiter in die Höhe treiben. Vielen Dank für die Wegbeschreibung. Jetzt weiß ich doch wenigstens, wo ich mich verfahren hatte. Wissen Sie, der Bauernhof war auf der Landkarte einfach nicht zu finden.

Püttlinger Dom

Wedel aus Buchsbaumzweigen
trägt die Palmprozession an den Altar
vom Hügel stäubt das Gelb der Blütensterne
Wogen voller Süße ins Tal hinab
legt einen Duftschleier über die Stadt
die alles aufsaugt wie ein ausgetrockneter
Schwamm

an den Türmen des Doms herrscht
laute Geschäftigkeit Tauben fliegen ins Gestühl

in der Osternacht stille Grabesandacht
bis die Taubenschar frühmorgens
das Gurren anschlägt sich friedvoll
aneinanderschmiegt und sich erhebt
in den Lichtstrahl der von den Türmen
ins Innere der Kirche bricht

Zwergschnauzers Kaffeekränzchen

Ein kleines Schnauzermännchen
trank gerne aus dem Kännchen,
die Pfoten lagen auf dem Tisch,
er leckte sich mit einem Wisch
das Wasserschäumchen ab,
dann sprang vom Stuhl er ab.

Sein Frauchen war stets vornehm
und löffelte die Milchcreme
wie einen Becher voller Eis
und machte sich die Lippen weiß.
Servietten nahm zum Schluss
sie nach dem Kaffeekuss.

Sie tupfte ihre Lippen,
als würd sie Briefe tippen.
Das Schnauzermännchen sah sie an,
fragend, ob sie ihn streicheln kann,
sprang gleich auf ihren Schoß,
legte mit Kuscheln los.

Das Frauchen, noch nicht fertig,
die Lippen kaffeebärtig,
rief: „Männlein du bist aber schnell,
hab noch Gebäck mit Karamell,
spring ab, mach erst mal Sitz,
mein lieber kleiner Fritz."

Da winselte das Fritzlein
mit traurig bittren Äuglein,

bis Frauchen schob das Restgetränk
von sich und krault ihn eingedenk
des sehnsuchtsvollen Blicks
mit einem Streichelmix.

Fritz schnurrte wie ein Kätzchen
und fischte sich das Plätzchen,
das auf der Untertasse lag,
mit einem leichten Pfotenschlag.

Da fiel die Tasse um
und leerte sich, wie dumm,
auf Frauchens weißbetuchten Rock,
er wurde nass, ein feuchter Schock.

Das Frauchen sprang schnell auf,
dem Fritzchen in den Lauf.
Der bellte ganz erbärmlich,
war ganz und gar nicht herrlich.
Die Kellnerin, die stehen blieb,
sah's Frauchen, wie sie's Röckchen rieb.
Der nasse braune Fleck
ging aber nicht mehr weg.

„Ja gute Frau, wie peinlich!
Im Grund ist ein Hund reinlich.
Wenn's wiederkommen, bittschön, ja,
gehn's vorher Gassi und nicht da!"

Wir machen eine Reise.

Komm mit uns, wir machen eine Reise.
Komm mit uns, das Herz wird leicht.
Komm mit uns, wir machen eine Reise,
Erinnerung die Hand dir reicht.

Das Gepäck steht schon bereit am Bahnsteig.
Alle Karten sind bezahlt.
Wie ein Kind, so sehnsuchtsvoll am Gehsteig,
warten wir auf freie Fahrt.

Singen, tanzen und von Herzen lachen,
lasst den Himmel sich entfachen,
dreht die Zeit zurück, die alte Zeit,
sie ist bereit.

Wenn du denkst, das Herz bleibt immer weise,
geh hinaus, die Welt wird dein.
Komm mit uns, wir machen eine Reise.
Lass die Sorgen Sorgen sein.

Zu singen auf die Melodie „Sentimental Journey" (1944)
Musik: Les Brown, Ben Homer. Text: Bud Green

Ladinische Ostertage

Corvara ist eine Gemeinde mit fünfzehntausend Touristenbetten, drei Lebensmittelläden, drei Sportgeschäften, zwei Boutiquen, mehreren Geschäften mit Artikeln des Kunsthandwerks, kurzum eine Gemeinde, die alles hat, was man zum Leben benötigt, die jedoch ohne den Schnickschnack unserer Konsumgesellschaft auskommt.

Vom einfachen Leben spricht die Touristikbranche, das selbst schon zur Kunst geworden sei. Und je länger man sich hier aufhält, desto deutlicher wird diese Distanz. Die Alpwirtschaft wird nur noch von wenigen Bauern betrieben. Manche Berghöfe sind bereits zerfallen, verwitterte Bretterverschläge und Fensterläden hängen an zerborstenen Scharnieren von den Wänden herab, der Mörtel des Mauerwerks aus aufgehäuften Kalksteinen zerbröckelt.

Die Menschen unterhalten sich mal in deutscher, mal in italienischer Sprache. Mit Touristen redet man deutsch, als sei dies die Muttersprache. Da mich dies verwundert, spreche ich im größten Supermarkt des Ortes die Verkäuferin an. Eine ältere Dame, die mit einer Jüngeren hinter der Theke steht, gibt sich als Frau Kostner zu erkennen, als Angehörige der Inhaberfamilie, einem Traditionshaus, dessen Spross es zu sportlichem Ruhm gebracht hat. Klar, dass den Namen Kostner hier jeder kennt und würdigt. Und so erfahre ich, dass

Deutsch immer noch in der Grundschule neben Französisch alternativ angeboten wird. Das obere Südtirol mit Grödner Tal, Alta Badia und Fassatal wäre daher noch deutschsprachig.

Bei Ladenschluss verhält man sich eher städtisch. Wenn die Kasse geschlossen ist, wird nichts mehr verkauft. Sie schließt sehr pünktlich. Was anfänglich wie leise Arroganz anmutet, entwirrt sich bei genauerem Hinsehen als Feierabenderwartung. Egal was man sagt, sie verstehen die Worte und an den Gesten erkennt man die kaufmännische Erfahrung, das Businessgepräge moderner Zivilisationen. Romantik kommt da nicht auf, eher ein Gefühl von Geschäftstüchtigkeit.

Die ladinische Volkskunst ist hier nur an den Holzschnitzereien auszumachen. Corvara ist längst kein Bergbauerndorf mehr, das Skifahrer als Quelle für Zusatzeinnahmen duldet. Hier wird Sport und Erholung verkauft und zwar das ganze Jahr über.

Corvara hat zwei Kirchen. Eine Glocke gibt den Stundenschlag vor. Von der Karwoche spürt man nicht viel. Religiosität ist eher säkular erfahrbar. Der Sonntag und die Sonntagsruhe werden jedoch gehalten. Es gibt auch regelmäßige Angebote zur Ehevorbereitung und christliche Seminare. Die Ostervorbereitung ist ausgehängt. Jesus mit der Dornenkrone in deutscher und italienischer Sprache. Der Papst betet für den Frieden, für ein Ende des Terrors und der Gewalt.

Am Märzende lockt das Gesträuch mit samtenen Weidekätzchen, Blatt- und Blütenknospen, keine blühenden Forsythien, keine Osterglocken oder Narzissen. Die Temperaturen steigen mittags auf fast sechs Grad an. In der Sonne spürt man die Kraft zur Wärme und Erhitzung. Sonnencreme ist notwendig hier oben, mehr als fünfzehnhundert Meter über dem Meeresspiegel. Seit Montag ist Kaiserwetter.

Der Ort ist schnell abzugehen und so setze ich mich in der Mittagszeit auf die Terrasse des Hotelzimmers und genieße die Sonnenstrahlen, lade mich wieder mit der Wärmeenergie auf. An den Bergauffahrten ist lediglich ein Imbissstand vorhanden, obwohl dort eine Gondelbahn, mehrere Sessellifte und Schlepperlifte zu den Gipfeln führen. Auch beim Gondelausstieg ist keine Berghütte zu finden, was mich dann doch verwundert. Kein ladinisches Mallorca, kein Ischgler Après Ski, Einfachheit ist hier Programm.

Von den Höhen der am Sassongher angelehnten strada sassongher sieht man auf Corvara herab. Von hier oben aus gleichen die Sessellifte einem Vogelzug. Die Autos kriechen wie Ameisen die Serpentinen hinauf und hinab. Alles fügt sich zu einem selbstverständlichen Ganzen, ohne Aufgeregtheit, ohne Besonderheit, aber auch ohne idyllische Verklärung. Mag sein, dass dies am wegtauenden Schnee liegt, der Skifahrer dazu nötigt, die Bretter stellenweise abzuschnallen, um nach fünf Metern wieder weiterfahren zu können.

Aus den geöffneten Fenstern dringt das Programm des österreichischen Rundfunks und begleitet den südtiroler Vormittag mit bekannten Klängen der Popmusik. Auch in diesem Viertel stehen die Uhren auf Gegenwart. Corvara ist keine Reise in die Vergangenheit, es ist eine Begegnung mit westeuropäischen Zeittakten, zivil, menschenfreundlich, gottesfürchtig und geschäftstüchtig. Skifahrer kehren häufiger zurück, denn das Angebot an Abfahrten der unterschiedlichsten Schwierigkeitsgrade ist sehr groß. Die vielfältigen Berglandschaften erinnern an die Kulissen großer Kinofilme. Vielleicht ist dies ein Grund dafür, dass man den Rummel und den üblichen Skizirkus nicht nötig hat. Die Geographie spricht für sich.

Diese Umgebung ist es auch, die mich draußen verweilen lässt. Ein derartiges Panorama aus Gebirgsketten, Steilhängen, zerklüfteten Felsen und wuchtigen Gipfeln ist eine Seltenheit. Das Endirosa der Sellarondaspitzen bleibt als Etikett einer Bergregion zurück, einer Zuflucht, die es verstanden hat, die Spielregeln der Freizeitindustrie anzuwenden, ohne die Natürlichkeit zu zerstören. Möglicherweise ist dies das Merkmal ladinischer Lebenskunst.

Gefunden

Ich ging so für mich hin
im leeren grünen Wald
und suchte keinen Sinn
da goethet's in mir bald

     ich fand das Ungefundene
     im Schatten des Gelichts
     und sah das Unverbundene
     und sah und sah doch nichts

da hob ich alle Lettern
aus ihren Wörtern auf
sie fingen an zu klettern
und woben sich hinauf

     ich trags nach Haus das Verslein
     schreib's auf am stillen Ort
     dass glüht das Dichterherzlein
     und blüht und blüht so fort

Der Dackel

Du stolzer kleiner Dackel,
dein Fell macht kein Gewackel,
die Ohren hängen schlapp herab ,
die Beine sind etwas zu knapp,
das Pfötchen gibst du elegant,
bist mutig und galant.

Fängt er mal an zu kläffen,
kann dich der Unmut treffen!
Stellt er sich hin mit viel Radau,
hilft nur Erziehung, Hundefrau. -
Doch ist er ja kein Dobermann,
auch wenn er bellen kann.

Will er mal nach dir knappen,
verbeißt sich in die Schlappen,
dann Hundefreund, sei dir gesagt,
wer sich so aus der Deckung wagt,
gehört ins Körbchen unverwandt,
hast du Dackelverstand!

Die Höhlenkinder

in Wunder war der Frühling, das mich jedes Jahr in Erstaunen versetzte. Ich stand früh auf, um vor Schulbeginn mit der Bittprozession mitlaufen zu können. Treffpunkt war die Pfarrkirche Sankt Blasius und Martinus. Von dort aus ging es die Eichbergstraße hinauf hinter dem Friedhof vorbei durch die Feldwege zurück auf die Straße „Zum Rotwäldchen", geradeaus zur Schönstattkapelle und wieder zurück.. Wir beteten den Rosenkranz. Eine der Frauen aus dem Mütterverein betete vor. Mutter hatte gesagt, Vorbeterinnen müssten mit kräftiger, fester Stimme sprechen können, um vom Pilgerzug gehört zu werden.

Für diese Aufgabe meldeten sich viele Frauen. Vorbeterin zu sein war eine Vormachtstellung in der katholischen Frauengemeinschaft. Hin und wieder gab es daher ein Gerangel bei der Frage, wer an welchem Tag das Kirchenvolk durch die Felder leiten durfte. Meine Mutter hatte daran jedoch kein Interesse. Den Pastor störte dieser Pilgerinnenkrieg weniger. Je mehr Frauen sich darum bemühten, desto größer war seine Wahl und das Engagement der Frauen in seiner Pfarrgemeinde.

Während der frühmorgendlichen Wanderung beobachtete ich die Saarwellinger Landschaft. Ich entdeckte am Wegesrand Frühaufsteher wie mich:

Feldmäuse, Salamander, Blindschleichen und einen Reigen singender Vögel.

Das Schönste im Mai jedoch war, dass ich zu Hause einen Marienaltar herrichten und mit Blumen schmücken durfte. Muttergottesblumen sollte ich pflücken, Butterblumen und Lupinen. Mutter sagte: „Wenn du der Mutter Gottes die schönsten Wiesenblumen pflückst, wird die schönste aller Frauen noch schöner und ihr Glanz fällt auf dich zurück."

So tobte ich mit meiner Freundin und den Jungs, die in meiner Straße wohnten, in den Wiesen herum, die an die Häuser und die Uferböschung des Ellbachs angrenzten, um Blumen zu pflücken. Auch sonntags trafen wir uns, denn der Marienaltar musste täglich erneuert werden.

Sonntags trugen alle Mädchen weiße Schürzen. Das gehörte sich so. Im Fernsehen lief gerade die Serie „Die Höhlenkinder". Da wir noch keinen Fernsehapparat hatten, sah ich die Serie mit meiner Kusine bei ihr zuhause an.

Wir hatten damals weder Fernsehgerät noch eine Waschmaschine. Waschen war Handarbeit im wahrsten Sinn des Wortes. Freitags war traditioneller Waschtag. Mutter stand stundenlang in gebückter Haltung am heißen Kessel, um jedes einzelne Stück zu reiben und auszuwringen und wieder zu reiben und auszuwringen. Oft konnte sie sich nach so einem Tag harter Arbeit nicht mehr richtig aufrichten. Weshalb sie mich immer darauf aufmerksam machte, dass ich ganz besonders gut auf meine weiße Sonntagsschürze achten sollte. Denn die musste in die Kochwäsche.

Meine Freundin und ich waren von der Sendung so begeistert, dass wir wie die Höhlenkinder uns eine eigene Höhle einrichten wollten. Wir würden wie die Erwachsenen alles selbst bestimmen und ich könnte dann auch einmal die Mutter sein, die ihr Kind aufs Zimmer schickte, wenn es etwas Unerlaubtes geredet oder getan hätte. Mutter sagte oft: „Wenn du einmal erwachsen bist, wirst du verstehen, warum ich dich auf dein Zimmer schicke."

Wir suchten in der Umgebung nach einer entsprechenden Behausung, erforschten zuerst die Rohbauten, in denen wir aber nicht sesshaft werden konnten. Montags wurde nämlich unsere Wohnung von den Bauarbeitern immer wieder zerstört. So stöberten wir weiter und fanden schließlich an einem Sonntag in der Kanalisation, die unser Dorf in der Mitte untertunnelte, eine Röhre, die groß genug dafür war. Wir gingen hinein. In dieser Höhle konnten wir sogar aufrecht stehen. Dies war wichtig, um unsere weißen Schürzen nicht zu verschmutzen.

Wir hatten nicht bemerkt, dass die Jungs aus unserer Straße uns gefolgt waren. Da wir sie nicht mitspielen lassen wollten, fingen sie an, von oben in die Rinne, in der das Wasser stand, Steine zu werfen, dass es nach allen Seiten hin spritzte. Wir erschraken, denn das Spritzwasser drohte unsere Schürzen zu beflecken. Das würde mir Mutter nie verzeihen! Wir baten die Jungs, damit aufzuhören. Doch je mehr wir sie darum baten, desto mehr Steine prasselten ins Kanalwasser und desto mehr braune Brühe hüpfte auf unsere Schürzen.

Völlig verschmutzt kam ich zu Hause an. Ich schlich mich ins Wohnzimmer, um die gesammelte Blütenpracht in die Vase des Marienaltars zu stellen. Mutter kam aus der Küche, sah die Bescherung und schlug die Hände über dem Kopf zusammen. Außer sich vor Ärger und Wut schimpfte sie so laut wie nie zuvor: „Wo um alles in der Welt bist du gewesen. Ehrt man so den heiligen Sonntag. Na warte!"

Dabei schnappte sie sich den Besen, der in der Ecke stand, um mir den Allerwertesten zu polieren. Dies war ein ganz neues Erlebnis für mich, denn meine Mutter hatte mich noch nie geschlagen.

Aufgeschreckt lief ich um den Tisch herum, doch Mutter kam immer hinterdrein. Ich versuchte, ihr zu erklären, was geschehen war. Aber es fruchtete nicht.

"Was sind denn das für Ausreden", rief sie erregt, "nicht die Jungs sind schuld daran, dass du so aussiehst. Wer mit dem Feuer spielt, wird sich auch früher oder später daran verbrennen! Wie oft habe ich dir schon gesagt, dass du vorher nachdenken sollst, bevor du etwas tust. Dann brauchst du hinterher keine Ausreden zu suchen!"

Bevor sie den ungeliebten Satz aussprechen konnte, dass ich in mein Zimmer gehen soll, rannte ich die Treppe hinauf und verschloss die Tür.

Draußen tobte Mutter weiter: „Was um alles Welt hast du in der Kanalisation zu suchen! Du bist ein Mädchen, sollst eine Familie gründen und Kinder in die Welt setzen. Darüber wirst du jetzt nachdenken. Und zwar eine Woche lang. Hörst du!"

„Ja, Mama", sagte ich kleinlaut. Ich konnte ihr nicht mehr sagen, dass wir doch genau das spielen wollten. Wir hatten uns wohl den falschen Ort dafür ausgesucht. So baute ich in meinem Zimmer aus der Matratze und dem Betttuch eine Höhle, um das Spiel der Höhlenkinder zu Ende spielen zu können.

Wat ach kimmt, dat kummt.

Eich hònn als kläänes Mädchin deich
schunn gefròòt: „Mama,
wat gift met mia?
Gin eich moll glicklich?
Gin eich moll reich?"
Dò saat mein Mama gleich:

„Wat ach kimmt, dat kummt.
Wat imma pasiat, pasiat.
Kän Mensch wääs wohin dat fiat.
Wat ach kimmt, dat kummt.
Wat pasiat, pasiat."

Als dònn de Lejf so iwagrooß
honn eich gefròòt: „Schatz,
wat saat dein Herz?
Kimmt nòò em Rejen
de Sun serick?"
Er saat: "Vatrau em Glick."

„Wat ach kimmt, dat kummt.
Wat imma pasiat, pasiat.
Kän Mensch wääs wohin dat fiat.
Wat ach kimmt, dat kummt.
Wat pasiat, pasiat."

Haut sin mein Kinna mein Dahämm,
se fròòn meich: „Mama,
wat gift met uus?

Gin mia moll glicklich?
Gin mia moll reich?",
schmusen eich mit nen gleich:

„Wat ach kimmt, dat kummt.
Wat imma pasiat, pasiat.
Kän Mensch wääs wohin dat fiat.
Wat ach kimmt, dat kummt.
Wat pasiat, pasiat."

Zu singen auf die Melodie „Que sera, sera" Musik una Originaltext Ray Evans und Jay Livingston aus dem Film „Der Mann, der zuviel wußte". 1956

Wahre Freundschaft

Ein Regenwurm im Sonnensturm
den Leib durch Grund und Boden zwang.
Ein Vogelmaul hackt in die Kaul,
ein Floh auf dessen Flügel sprang.

Das juckte sehr, kratzt hin und her,
der Spatz, spannte die Flügel weit.
Da kroch der Wurm zum Möhrenturm,
der Floh fiel aus dem Federkleid.

Er hüpfte auf den nächsten Vogel,
der flog grad hin zum Möhrenkogel,
wo sich der Wurm verköstigte.

Dass er ihn nicht belästigte,
verbiss der Floh, man glaubt es kaum,
den Vogel unterm Bürzelsaum.

Im milden Wind des Frühsommers

*D*ie Wärme hat zugenommen. Abends fegt der Wind sanft das Licht aus dem Tag. Lau und mild fühlt er sich an. Die Wiese nimmt die leichte Bewegung auf, das Gras bildet kleine Wellen, in denen letzte Bienen schwimmen, vollgetrunken, flügelschwirrend, Abschied nehmend. Der Löwenzahn, eine der frühen Bienenweiden, hat ganz von ihr Besitz genommen. Er blüht und blüht weiter fort in den Sommer hinein. Bis in den frühen Herbst wird er bleiben und sein strahlendes kleines Sonnengesicht ins Blaue recken. Mit dem Verblühen streut er seinen Samen immer wieder neu aus. Die Schirmchen verpusten sich und werden langsam davongetragen.

Der gewöhnliche Löwenzahn mit dem botanischen Namen Taraxacum sect. Ruderalia, wird in der Volksheilkunde, der Medizin und in der Küche vielseitig verwendet. Die Bitterstoffe machen den Löwenzahn so wirkungsvoll. Sie fördern die Sekretion der Verdauungsdrüsen und sind harntreibend. Weshalb im Volksmund auch von Pissblume, in der moselfränkischen Mundart von Bettseecher, und in Frankreich von pissenlit gesprochen wird. Man nennt sie auch Kuhblume, Hundsblume oder Pusteblume.

Auch die Gänseblümchen werden lange bleiben. Sie kommen im frühen Frühling aus der Erde und verweilen ebenfalls bis in den Herbst. Jedenfalls hier in meiner Wiese. Es gesellen sich noch andere wild wachsende Wiesenblumen hinzu. Hornveilchen, Mohnblumen und Wicken werden von den angrenzenden Gärten und Feldern her-übergesandt. Der Holunder hat angefangen zu blühen und überhängt unsere Lebensbaumhecke.

Löwenzahn

Geh voran Tellerblüte,
stell dein Körbchen auf,
öffne die verwurzelten Zungenblüten
dem blauen Blick,
dem Freien,
dem Luftigen,
dem Wohltemperiertem.

Lass dein gelbes Polster
Käfern ein Stoppelbett sein,
bis deine abgeblühten Hochblätter
Haarfäden binden, Schneekugeln gleich,
und dein Schirm sich hinweg hebt
wie ein schwebender Schwan,
um erneut niederzulassen
den Samen.

Jack Russel Terrier

Ein Tierfreund, auf den Hund gekommen,
erfährt, wenn zögert er, beklommen,
dass er ein Rudelführer ist,
und nicht nur Schmuseegoist!

Falsche Gefühle sind ihm fremd!
Der Hund zerreißt sein letztes Hemd
für seinen Freund, den Menschen.

Ist der nicht echt und schwindelfrei,
ruft dies Misstrauen gleich herbei,
denn er macht keine Männchen.

Doch traut er seinen Augen blind,
wird aus dem Kampfgenoss ein Kind
und wedelt mit dem Schwänzchen.

Herrchen und Frauchen, drum seid klug,
ein Hundekuss ist nie genug,
Auslauf kein Kaffeekränzchen.

Ballade vom wahren Schnecken-putsch

Zwischen Buchsbaum, Schilf und Hecken,
zwischen Thymian und Farn,
spinnt ein silbrig schimmernd' Garn
eines ganzen Rudels Schnecken.

Kommt ein Laubfrosch angesprungen
auf Maßliebchens Blütenblatt,
Baldurs Auge blinzelt matt,
ist zum Ahorn vorgedrungen.

Liegt ein Rotfuchs auf der Lauer,
hält am Morgen schon die Wacht,
hat in manchen Gärten Pacht
unter Löchern einer Mauer.

Sieht den Laubfrosch munter wandern,
denkt sich, welch ein kleines Mahl.
Frosch erquickt der Sonnenstrahl,
flatscht von einem Platz zum andern.

Schleicht der Rotfuchs in der Hocke
sich zur Beute nah heran,
bis er sich draufstürzen kann,
raschelt eine Rosenlocke.

Lurchtiers Auge späht zur Seite,
sieht den Rotfuchs auf dem Sprung,
vor ihm glänzt der Schneckendung,
sucht mit einem Satz das Weite.

Rotfuchs jagt mit einem Rutsch,
trifft die Schleimspur folgenschwer,
schlittert, schleudert hinterher.
Laubfrosch ist schon lange futsch.

Das ist wahrer Schneckenputsch!

Nachbarschaftshilfe

*I*m Sommer zog in unserer Straße eine neue Familie bei ihren Verwandten ein. Man erzählte sich hinter vorgehaltener Hand, dass sie für die Zeugen Jehovas in anderen Ländern unterwegs gewesen wären. Sie hatten einen Sohn namens Frank. Er war etwas jünger als ich. Wir nahmen ihn sofort in unsere Straßenclique auf und zeigten ihm unser Revier am Ellbach. Die Mutprobe hatte er bestanden, wenngleich er in den Ellbach geplumpst war, weil der Ast sein Gewicht nicht tragen konnte.

Mutter hatte gegen die neue Freundschaft prinzipiell nichts einzuwenden. Die Eltern waren ihr aber suspekt, weil sie nicht katholisch waren. Bei Tisch erzählte Vater, sie seien Roma und arm.

Dies übte eine besondere Faszination auf mich aus. Ich stellte mir ein Leben in der freien Natur vor, so ähnlich wie bei den Indianern. Die waren unser Vorbild.

Frank war aber gar nicht abenteuerlustig sondern eher in sich gekehrt. Er redete nicht viel und ich dachte, dass er sich in der neuen Umgebung nicht richtig wohlfühlte. Ich entwickelte das Bedürfnis, ihm dabei zu helfen, sich besser bei uns zurechtfinden zu können.

Als die großen Ferien zu Ende waren, kam er in unsere Schulklasse. Der Sprachunterricht machte ihm arg zu schaffen und so bot ich ihm Nachhilfeunterricht an. Voller Stolz berichtete ich meinen Eltern von meinem Vorhaben der guten Tat.

„Mariechen", sagte Vater, „du hättest uns vorher fragen müssen. Diese Leute passen nicht zu uns."

„Aber Papa, wir sollen unseren Mitmenschen doch helfen, wenn wir können. Unser Pastor hat gesagt, das sei christliche Nächstenliebe. Jeden Tag sollte man eine gut Tat vollbringen."

Vater räusperte sich. „Wir sind ja auch Christen. Wie du weißt, war ich bisher immer bereit, anderen zu helfen. Aber dies hier ist etwas anderes."

Ich verstand, Christen mussten nicht immer helfen und helfen war nicht immer christlich.

„Mariechen", sagte Mama, „du kannst zwar mit dem Jungen draußen spielen, aber ich wünsche nicht, dass er zu uns ins Haus kommt."

„Aber warum denn nicht, Mama?" fragte ich erstaunt.

„Weißt du, die Fremden haben ganz andere Sitten als wir. Ich möchte nicht, dass du sie kennenlernst", bemerkte Vater.

„Andere Sitten? Aber sie essen und trinken genau so wie wir", warf ich ein.

„Mariechen, ich meine nicht die Tischsitten, wenn man davon überhaupt reden kann. ich meine damit ihre Einstellungen", untermauerte Vater seine Skepsis.

„Was denn für Einstellungen"? fragte ich ratlos.

„Nun, Mariechen", bestimmte Mama, „sie sind Roma und gehören zu den Zeugen Jehovas und damit nicht zu uns." Dies klang fast wie ein Richterspruch, so als ob sie die Pest hätten.

„Aber Jesus ist doch auch zu den Fremden und Kranken gegangen und hat sie geheilt", fiel mir ein.

„Du bist aber nicht Jesus, sondern ein Mädchen aus gutem Hause", sagte Mama. „Und außerdem ist er ein Junge, der vielleicht nicht weiß, wie man sich Mädchen gegenüber zu benehmen hat."

Das verstand ich nun ganz und gar nicht. Was sollte es wohl für einen Unterschied machen, ob er ein Junge oder ein Mädchen war? Die Zeugen Jehovas lebten schließlich auch nach der Bibel.

Karlchen war inzwischen ins Wohnzimmer gekommen und hörte zu. „War Jesus denn nicht aus gutem Hause?" fragte er ungläubig.

„Jesus ist der Sohn Gottes und nicht von dieser Welt", erklärte Vater.

„Die Maria hat ihn aber zur Welt gebracht. Sie war auch ganz arm. Wenn Josef sie nicht geheiratet hätte, wäre sie vielleicht verhungert und Jesus in ein Waisenhaus gekommen", wandte ich ein.

„Gott hatte Maria zur Mutter Gottes auserkoren. Und Josef ist ein Engel erschienen, der ihm erklärte, was der liebe Gott vorhatte, dass er Maria zu seiner Frau nehmen soll", sagte Vater.

„Aber der Frank ist doch auch arm und braucht Hilfe", sagte ich verzweifelnd.

„Dann musst du ja nur auf einen Engel warten, der dir den Auftrag gibt, Frank zu helfen", kicherte Karlchen.

Greta, die während der Unterhaltung auf dem Sofa mit ihrer Puppe spielte, rief: „Hurra, wir bekommen einen Engel. Lass ihn aber nicht fort, bevor ich ihn gesehen habe. Vielleicht kann ich mit ihm herumfliegen."

„Engel schickt der liebe Gott nur, wenn er es für richtig hält. Man kann ihn darum zwar bitten, aber niemals nach einem verlangen", sagte Vater. „Und außerdem sind Engel keine Flugzeuge."

„Aber wenn ich dem Frank nicht helfen darf, warum hat Jesus dann gesagt, dass alles, was wir einem der Geringsten seiner Brüder tun würden, wir für ihn getan hätten?" fragte ich zunehmend ratloser.

„Frank ist ja nicht der Geringste. Er ist einfach nur ein Junge von Eltern, die in der Weltgeschichte herumreisen und sich nicht genug um ihn kümmern", sagte meine Mutter.

„Das würde ja bedeuten, dass ich ihm nur dann helfen dürfte, wenn er noch ärmer wäre als er schon ist"? suchte ich nach einer Erklärung.

„Nimmt der liebe Gott mir meine Puppe weg, um uns auch arm zu machen, wenn wir mal Hilfe brauchen?" fragte Greta aufgeregt.

„Jetzt hast du Greta Angst gemacht mit deinem Gerede," sagte Mutter mit ermahnendem Blick.

„Das hast du falsch verstanden Gretalein. Gott braucht uns nicht arm zu machen, ich arbeite ja", versuchte Vater um Greta zu beruhigen.

Zu mir gewandt sagte er dann: „Mariechen, wenn er noch ärmer wäre, bekäme er Hilfe von Amt. Außerdem heißt das ja nicht, dass es ihm nicht gut geht. Wenn er nichts im Kopf hat und in der Schule nicht mitkommt, ist das nicht deine Schuld oder Verantwortung", sagte Vater nun zu mir.

„Aber Papa", schoss es mir wie ein Blitz durch den Kopf, „heißt es nicht, selig sind die Barmherzigen, denn sie werden Erbarmen finden?"

Òm Ellbach

Uusa Strööß hòtt links un rechts noch Wiesen,
dazwischen Gräwen volla Wassa lònggezoo.
Johanniskäfa sin drin rumgefloo,
Gestripp is monchmoll hochgeschoss zu Riesen.

Gesteat hòtt uus dat nit, nix kunt vamiesen
de Spass, dòdrinn se stöban, abgewoo
de Sprung uff die anna Seit vom Ellbach, geboo
dòfoa ään Ascht, um sich abseschießen,

woa ga nit änfach ohne Sä, int Wassa
sin mia mea als äänmoll ringefall,
sin rongeroppt ont Ufa, uus die Annan all

de Hänn gestreckt, doch weil noch nassa
ma woa, is ma serick gerutscht òm Ascht,
gekrawwalt wie ään Frosch aus em Morascht.

In da Bòònt in Wellingen

In da Bòònt hònn Fußball mia gespillt,
uus hònn kään Autos iwa Daach gesteat.
De Strööß woa glatt genuch dafoa geteat,
un monchmoll hòtt de Sunn uff ia gegrillt.

Un wenn voa lauta Hitz se wellisch uffgerillt,
hònn mia de Klicka ausgepackt, vameat
se durch Gewinnen, annan Säck geleat
un ausgetrixt. Wenn ääna laut gebrillt,

weil a se vill valoa, hònn mia gezänkt,
gestritt, bis Nòòpaan aus em Finschta
gerouf, ma sollt vaschwinnen, han hinnam Ginschta

uus vastoppt, gewaat, gelout, de Kopp varenkt,
sin òn de Ellbach durch die Wies gerònnt,
dii Friedenspeif hòtt lòng geraucht, gebrònnt.

Morgendämmerung im Garten

$\mathcal{U}$m vier Uhr zwitschern die ersten Vögel. Die erste Fütterung beginnt. Ganze Schwärme fliegen von Ast zu Ast, von Strauch zu Strauch.

In der Morgendämmerung picken Amseln in der Wiese. Ihre gelben Schnäbel blinken im taunassen Gras. Im Kirschbaum raschelt es. Ein Pärchen ist angeflogen und schaukelt sich an die Kirschen heran, welch köstliches Frühstücksmal.

Es tschirp und flötet, ziept und fiept. Die Sonne nähert sich langsam dem Horizont. Es wird heller. Plötzlich krakeelt es und das Amselheer fliegt auf. Schwarze Krähen stürzen sich ins Halmland und suchen nach Regenwürmern. Kein Platz für Konkurrenz.

In den Nestern schreien kleine Schnäbel nach Nahrung. Während der Fütterung wacht im Ahorn das Elstermännchen, wippt auf und ab, schackert und stößt Warnschreie aus. Dies sorgt für Aufruhr im Vogelparadies. Denn nicht nur Tauben glucken über die Dachgrate.

Ein größerer Vogel hat sich hinzu gesellt. Braunes Gefieder, dunkel gerändert, gebogener Schnabel, Raubvogelklasse. Ein aufgeregtes Gellen und alle Kleinvögel huschen in ihre Verstecke. Nur die Tauben lassen sich nicht stören. Sie schnäbeln am frühen Morgen und gurren vergnügt im aufgehenden Sonnenlicht.

Wunderbar ist die Welt

Ich seh die Bäume sind grün, Rosen blühn,
ein Blütenmeer duftet um mich her,
denk bei mir, wie erhellt,
wunderbar ist die Welt.

Ich seh Blau, Wolkenweiß,
ein Ehrenpreis,
den Tag segnet Licht,
es im Abendschein bricht,
denk bei mir, wie erhellt,
wunderbar ist die Welt.

Am Himmel die Farben
des Regenbogens stehn,
Menschen lachen sich zu,
wenn sie vorüber gehn.
Freunde reichen die Hand,
fragen wie geht's dir,
und sagen froh, gut geht's mir.

Kinder jauchzen im Mai,
wachsen auf so frei,
sie lernen viel mehr
als ich je vorher,
denk bei mir, wie erhellt,
wunderbar ist die Welt.

*Zu singen auf die Melodie „What a wonderful world" M:
George David Weiss, Originaltext: Bob Thiele. 1968*

Von Fröschen und Fliegen

Ein Frosch saß auf dem Halmrohr,
sah einer Fliege nach,
er quakte unermüdlich,
'ne Fliege flog ganz friedlich
durchs off'ne Gräsertor.

Dem Frosch verschlug's die Sprache
vor soviel freiem Geist,
denn dass ihr's wisst,
die Fliege frisst
der Frosch an jedem Bache.

Da hüpfte seine Fröschin
auf's Halmrohr neben ihn,
das Gräsertor
Durchgang verlor,
sie probte schon als Köchin.

Die Fliege unterdessen
sah sich die Falle an.
Flieg ich ganz schnell
wie'n Karussell,
werde ich nicht zum Fressen.

So sauste jene Fliege,
Froschwacht hin oder her,
durch jenen Spalt,
der offen halt,
das Froschpaar zu besiegen.

Die beiden hörten 's zischen,

ein Lufthauch zog am Grün.
So eine Schmach,
die Fliege stach
sie aus beim Beutefischen!

Da sprach die Fröschin: „Froschmann,
die Stellung halten wir.
Hüpf du durch 's Tor,
ich wart davor,
so kriegen wir sie dran!"

Die Fliege augenblicklich
erkannte die Gefahr,
schnappte vom Farn,
um sich zu tarn'n,
das Pollengarn geschicklich.

Dann schwebte sie zum Nahkampf
im Pollenfädchenflor,
reizte die Nas'
mit Pollengas
und hinterließ nur Dampf.

Das Froschpaar nieste kläglich
die Luft sich aus dem Leib,
zog sich zurück
vom Beutetrick
und wurd' fliegenverträglich.

Iwam Rejenbogen

Iwam Rejenbogen gett än Weech
in än Lònd, dat im Schlòòf gefunn,
bin eich hingefeecht.

Iwam Rejenbogen himmelblòò,
un dea Tròòm, den geträämt eich,
woa gift im Mojengròò.

Mònchmoll wea eich so gea än Stern
un all mein Sorjen gääften fern
von mia sin.

Se schmelzen wie Gutzja, gin varoppt.
Dò owen kääna änen stoppt.
Dò konnscht dau bei mia sin.

Iwam Rejenbogen bin eich frei,
Virrel flejen dò riwa
wònn bin eich aach dabei?

Wenn klääne Virell glicklich sin
om Rejenbogen,
wònn bin eich dabei?

*Zu singen auf die Melodie "Somewhere over the rainbow'
aus dem Musicalfilm „Der Zauberer von Oz". .Musik
Harold Arlen, Originaltext E. Y. Harburg. 1939*

Amselin im Rausch

Es flog mit kräftig lautem Trillern
die Amselin zum Ast.
Die Kirschen lockten saftig rot.
Da war sie recht zu Gast!

Sie pfiff vor Freud ein Dankeslied
mit Strophen ungezählt.
Da lugt die Katz aus dem Verschlag,
und grollte, Lied gequält.

Sie hoffte, dass die Amsel schwieg
zur Mittagspausenzeit.
Die Katze in die Krone stieg,
war diesen Singsang leid.

Hinzu kam, dass der Magen knurrte,
da kam es grad gelegen,
dass so ein Vogel laut aufgurrte,
kam sie auch anders wegen.

Die Amselin im frommen Rausch
pickte ins Kirschenfleisch.
Die Katze pirschte sich heran
ins Amselfutterreich.

Sie schob zum Sprung die Tatze vor,
da flitzte durch das Gras,
der Dackel Rudi und im Chor
sein Herrchen mit viel Spaß.

Der warf ein Holz, es traf genau
den Kirschbaum unterm Ast,
drauf pickte froh die Amselfrau,
sie unterbrach die Rast.
Die Katze fauchte durchs Geäst,
der Dackel trollte fröhlich
die Amselin, gestört beim Fest,
 tixte unaufhörlich.

Ihr hohes Ssihssih gellte schrill
und drang durch Mark und Bein.
die Katz, gepeinigt von dem Trill,
wollt nur allein noch sein,

sie floh in ihren Unterstand,
die Amselin entspannte.
Der Hund das Stöckchen wiederfand
und hin zum Herrchen rannte.

Rooda Mòjen

Haut Mòjen is da Himmel volla Sprenkel,
moll blau, moll rot, it is än wahre Pracht,
als ob än Owen, frisch geschiat de Schacht,
de faawig Glut vaschitt, gehall de Henkel

vom Dippen iwa Kopp. In de Senkel
hat ihn de Sunn gestellt, se kunnt de Schmacht
da easchten Strahlen nit vaschicken, gekracht
hat it schunn frej, da Wind macht kään Geplänkel.

It gift doch hell un waam no all dem Newwel
dea letschten Daa, ma kònn jetzt widda liften,
un alta Mief get aus de Heisa stiften.

Monch äna hält de Kält als fo än Hewwel,
dea um sich schlaat, ea bringt de Leit zum ziddan.
De Bloumen all mett ihrem Douft dagejen widdan.

Mittachsbad

Haut Mittach träämt da Himmel iwa Wiesen.
Ea is so blau, kään Welkchen is se siin,
Magretscha um de Wett met Gräsan bliin,
voa lauta Pollen fòng eich òn se niesen.

De Hitz de Ströößenbeton lisst vafließen
un Teageruch kriecht iwa Gaatengriin.
De Sunn stett hoch un strahlt, vazieht kään Min,
de Bienen flejen, den kònn se nix vamiesen.

Eich leien uff da Deck, da Bòòm wirft Schatten,
de Blätta rascheln zaat, se sin òm pischban,
de Maikäfa im Buttablimchin krischban.

Nua uusa Nòòpa schafft, bemòòlt de Latten
vom Gaatenzaun, peift voa sich hin än Littchin,
än Rotkehlchen peift met un bad em Bittchin.

Òwendschlumma

Haut Òwend rollt da Himmel Dunkelfalten,
ea is schun miid un dämmat voa sich hin.
De Sunn zejt sich serick, is schunn gònz dinn,
än bissin blitzt se noch durch Wolkenspalten.

De Virrel unam Dach sin noch òm walten,
klään Schnäwwelcha laut plärren, hungrisch sin;
än Mick vaflejt sich, hängt im Netz da Spinn
un Eintagsflijen òwends gin zu Alten.

Eich roun im Sessel, guck da Naat int Finschta.
De Mondscheib zwischen Sterncha silwa blinkt,
als ob von òwen äna mia zouwinkt.

Än Hummel brummt un süffelt noch im Ginschta,
eich süffeln Wein un sinken in de Schlumma.
De Louft is waam, ma merkt ball hònn mia Summa.

Am Flutsaum

Es war der zweite Samstag im Juni zweitausendundelf. Den Himmel durchzogen hellgraue Zirruswolken, die von leichten Federwölkchen, welche das Meer in die Höhe blies und nun der Wind vor sich her trieb, durchbrochen waren. Kein wirklich sonniger Tag, dennoch lud das Unentschieden der Regenfront dazu ein, sich das Wetter am Meereshorizont näher anzusehen um herauszufinden, ob leichte Kleidung angebracht war.

Das Meer lag staunend in seinem Tiefbett und glitzerte. Keine Anzeichen einer Schauerneigung war zu erkennen. Der Ozean zog sich zurück und hinterließ am Flutsaum Unrat, Tang und totes Getier. Zwischen den angeschwemmten Haufen aus Tang lagen bäuchlings tote Krabben, leere Kunststoffflaschen, zerstückelte Hölzer und aller Art Muschelschalen. Ein größerer Fischkutter musste wohl die Netze geleert haben, anders war dieser Selbstreinigungsversuch des Meeres nicht zu verstehen.

Wie sollte urplötzlich soviel Tang von der Strömung mitgerissen worden sein, dass er den Strand in seiner sichtbaren Länge komplett verschmutzte? Möglicherweise hatte es schweres Wetter auf See gegeben und der ganze Sheetkram, wie Hamburger Fischer sagen würde, wurde an Land gespült. Von einem Sturm oder gar Orkan wurde jedoch nichts berichtet. Vielleicht hatte ja

Triton sein Schwert geschwungen und die Wasserwiese gemäht für den Schönheitsschlaf der Meerjungfrauen. Inzwischen waren die ersten Meter des Flutbereichs trocken gefallen und mit ihnen der Tang. Meerjungfrauen waren darin nicht zu finden. Die schwarzen Berge glichen Maulwurfshügeln. Strandläufer nötigten sie dazu, entweder sie zu umlaufen oder zu überspringen. Spaziergänger umgingen sie einfach elegant.

Es war lange her, dass die Silberküste sich für Erholung suchende Gäste in den Schmutz geworfen hatte. Vielmehr ließ man sich vom Lichtfieber gefangen nehmen, um zu erahnen, wie im entfernten Horizont die Töchter Tritons sich im endlosen Sonnenlicht die Haare kämmten, so sehr glitzerte und flimmerte es. Die Ölpest, die vor einigen Jahren vor Frankreichs Küste zwei Jahre lang für ein schmieriges Vergnügen sorgte, hatte der Ferienort unbeschadet überstanden, da er ständig bemüht war, die natürliche Ordnung wieder herzustellen und aufrecht zu erhalten.

Da kam mir ein Ereignis der besonderen Art in den Sinn. Auch dies lag Jahrzehnte zurück. Ein Pottwal musste sich in der Richtung geirrt haben, denn er strandete dort, wo sich jetzt der Tang ausbreitete. Leider war er schon stark ausgetrocknet, so dass auf Rettung dieses Meeressäugers kaum zu hoffen war. Sollte man zusehen, bis der letzte Atemzug getan war, um den Kadaver seiner Bestimmung zu übergeben?

Die örtliche Feuerwehr entschied anders. Für den Abtransport hätte es wohl eines Krans bedurft, um das tote Tier auf ein Fahrzeug zu hieven. Ihn einfach wegzufliegen schien angesichts der angesammelten Badegäste aus Nah und Fern zu spektakulär und ebenfalls sehr aufwendig. Es wäre kein erfahrenes Meervolk gewesen wäre man nicht zu der Überzeugung gelangt, in den Sand eine Art Seemannsgrab zu schaufeln, damit Triton seinen ausgedienten Ritter der Tafelrunde wieder zurücknehmen konnte. Und so geschah es. Mit Schaufeln wurde eigenhändig so lange Sand um das Tier herum weggeschafft, bis das Loch sich mit Wasser füllte und zu erwarten war, dass die nächste Flut ihm zum Geleitzug in die Meeresgründe wurde. Noch Jahre später erzählte man sich die Geschichte und dachte an den verirrten Meeresbewohner.

Doch dies hier war anders. Kein Unglück hatte den Strand getroffen, eher menschliches Versagen vor den Naturgesetzen. Während ich den Tang und die Muschelketten betrachtete, um vielleicht doch noch ein paar Exemplare für meine Muschelsammlung zu finden, flogen dicht über dem Ufer ein weißes und kurz danach ein gelbes Sportflugzeug über den Köpfen der wenigen unverdrossenen Meeresliebhaber hinweg. Kaum war das Geknatter entschwunden, tauchte am nördlichen Küstenstreifen ebenfalls dicht am Ufer ein Fischkutter auf, im Schlepptau unzählige Möwen. Wer auch immer für das Ereignis verantwortlich war, der atlantische Ozean versorgte Mensch und Möwen weiterhin unbeeindruckt davon mit fisch-reichen Fängen und wieder frisch gespültem Gischtschaum.

Quallengang

Quallen lallen im Sand
wo sie ein Urlauber fand
herausgespült aus dem Meer
wabert ihr Gel giftig sehr
um doch noch 'nen Fuß zu fangen
sie auf den Urlauber sprangen
der fuchtelte wild umher
sprang aufgeregt in das Meer
wo sich die Qualle entband
und hurtig im Wasser verschwand

Nilschwemme

Der Nil führt keinen Priel,
das wär ihm viel zu viel,
er rauscht schon kilometerweit
und macht sich in Ägypten breit,
für Flusspferde sind außerdem
die kleinen Priele unbequem.

Doch flieht einmal ein Landwurm
aus Angst vor einem Sandsturm
in seine Böschung unbedacht,
weil das ihn unangreifbar macht,
dann überschwemmt der Nil
mit seinem Wellenspiel
die Uferzonen mit Gebraus
drin schwimmt dahin die Wüstenmaus.

Und führt der Nil den großen Priel
wird er auch Flusspferds Ziel.

Ein Sommerspiel

Ein Dach aus Himmel
gestreift von langen Wolkenrispen
an denen weiße Federn bauschen
und ein Delphin der stolz sein Grau
über das Wasser trägt
ein kleines Mädchen reitet ihn
und jauchzt und jubelt laut

das plätschert hin und her und singt
und auch ein Junge schwimmt
auf einem Krokodil das grün
sein Maul erhebt und rotes Feuer spuckt

und haucht und faucht im Sonnengelb
im Kampf mit dem Delphin
den antreibt seine Reiterin
dass Wasser aufrauscht zu Fontänen
bis Kugeln übers Becken spritzen

bald vorne dran die Mütter staunen
und hier und dort ein Vater

Liebesleid

Ein Hahn sang seiner Henne
ein wunderschönes Lied
und gackerte zur Tenne
wo sie ein Ei ausbriet.

Sie gluckte unaufhörlich,
bis sie es übertrieb:
der Hahn, bald schwerenötig,
wurde zum Eierdieb.

Da jammerte die Henne
und weinte um das Küken.
Ein Ei von andrer Henne
sollt' fortan sie beglücken!

Der Hahn wurd' ganz verdrießlich.
Ein Ei stahl ihm die Frau!
Ob seiner Lage misslich
gackerte er nur zur Schau.

Als dann das Küken schlüpfte,
wähnt er sich gotterlöst.
Sein Herz vor Freude hüpfte,
dass ihn die Henne tröst!

Die aber wollt nicht wieder,
fühlte sich frank und frei.
Sie spreizte ihr Gefieder
und stahl dem Huhn ein Ei!

Jahreszeiten belustigt

Der Frühling ist ein Blühling,
der Sommer ein Willkomm'ner,
der Herbst Herr des Verderbs,
der Winter ist Schneesinter.

Der Frühling ist ein Frommer,
der Sommer ist ein Schwüling,
der Herbst wird Farbenprinter,
der Winter ein Entfärber.

Der Frühling ist ein Sprinter,
Sommer ein Lichterwerber,
der Herbst ist erster Kühling,
Winter ein Kältekommer.

Litt von da Erd

Wo get de Sunn uf? Wo fällt da Reen?
Sa, wat lò Sache is, sa, wea de Siega soll geween.
Wo is it Feld da Schlacht? Gift it dò Zeit?
Sa, wat lò Sache is,
sa mia, wat deich wirklich freit?

Hascht dau ufgeheat, lò hinzuloun,
wea dat Blout fo uus vagießt.
Hascht dau ufgeheat lò hinsesejn,
de Ead schreit uf, it Mea zafließt.

Wat hònn mia da Welt gedòòn, lou wat mia gemach!
Wo is da Frieden hin? Woa da Bou foa uus gemach?
Wo is it Bloumenfeld? Gift it dò Zeit?
All Trääm, wo sin se hin,
sa mia, wat deich wirklich freit?

Hascht dau ufgeheat, lò hinzuloun,
wie da Krejsch Kinna erschießt?
Hascht dau ufgeheat lò hinsesejn,
de Ead schreit uf, it Mea zafließt.

Eich träämen noch,
souch de Glònz hinna da Sternenzeit,
eich wäs nimme, wo mia jetzt sin,
obwoll eich wääs, mia sin vill se weit.

Wat is gischta pasiat?
Wo is de Zeit?

Wo sin de Kinna hin?
Kenns me weit un breit?

It Himmelszelt fällt uf uus.
Eich krejn kän Louft.
Eich brauch da Erd ia Litt,
Mea un Himmelsdouft.

Wo is it Mea nua hin?
Wo is da Wal?
Is alles gònz egal,
alles nua Qual?

Hat Nadua noch än Wert?
Sa dau it mia.
Wat is gischta pasiat?
Wat woa met dia?

Kreisen Planeten noch
um uusa Welt?
Wo is em Wald sein Spua,
is a gefällt?

Än Minsch wie dau un eich,
is frei geboa?
Wat is mem Abraham?
Hat Gott uus valoa?

*Zu singen auf die Melodie „Earth Song" von Michael
Jackson.*

Himmel und Hölle

Ein alter Mann auf der Ofenbank saß,
trank tagtäglich Schnäpschen nur so zum Spaß,
war lustig und fröhlich und manchmal schlau,
doch nahm seine Frau alles ziemlich genau.
Sie meckerte ständig ohne Unterlass
der Mann knurrte nur und verbarg seinen Brass.

Kam er nach Haus in der Frühe um sechs,
volltrunken und ohne Orientierungsreflex,
schwankte herum, konnte nicht mehr laufen,
da hörte er hinter der Tür etwas schnaufen.
Die Eisenpfanne ganz fest in der Hand
die Frau wartend hinter der Haustür stand.
Zog er die Tür auch vorsichtig auf,
schlug sie die Pfanne voll Wucht auf ihn drauf.

So konnte das nicht mehr weitergehen,
wen konnte er bitten, ihm beizustehen?
Wie überlisten diese grimmige Frau,
überlegte er ständig, nüchtern und blau.
Oh Gott, da fiel ihm ein, welch ein Glück,
sein Pferd könnte vollbringen das Meisterstück,
ein Schutzschild könnt's sein vor der Xanthippe,
riskierte sie wieder die große Lippe.

Drauf zog er zur Kneipe, sorglos und freudig,
trank Bier und Schnaps und Wein im Heurig,
sang ausgelassen die Wiener Lieder,
fiel nach der Einkehr auf die Straße nieder.
Er krabbelte lallend auf allen Vieren,
die Flüssigkeit spülte indes seine Nieren.

Zurück vor dem Eigenheim lief er zum Stall
und zog das Pferd wie ein Feldmarschall
bis vor die Haustür. Als es dort stand,
legt' er die Leine, gedreht zum Band,
um den Türgriff mit sehr viel Bedacht.
Da wurde von innen die Tür aufgemacht.
Die finstere Frau tobte und hob die Pfann,
schlug erbarmungslos ein auf den Ehemann.

Doch dieser war hurtig weggesprungen,
die Frau hat, überrascht, mit dem Pferd gerungen.
So gepeinigt hob der Gaul zum Gegenschlag aus,
die Frau stürzte, fiel leblos auf den Boden im Haus,
hart getroffen vom wütenden Pferdekuss.
„Mit deinem Schlagen ist nun endgültig Schluss",
rief der Mann aus, ganz ohne Buß und Reu,
„dir bleibt jetzt nur noch der Teufel treu."
So beförderte der geschlagene Schimmel
die düstere Frau vorzeitig in den Himmel.

Die tobt nun in den Wolken dort oben.
Der Mann wollte grad seinen Schimmel loben,
da hört er sie herrisch rufen voll Stolz:
„Da dummer Mann, bist auch nicht aus Holz.
Bei deinem ausgeprägten Fimmel
folgst du mir bald nach in den hohen Himmel.
Wart nur, wenn ich dich dort wiederseh',
tut dir nicht mehr nur dein Köpfchen weh."
Der Mann, erschrocken, kann es nicht fassen,
hat fortan den Alkohol stehen lassen
und nie mehr ein Gläschen angerührt,
weil dies ihn zu ihr in den Himmel führt.

Dahämm

Wenn eich mein Haus von drauß beguck
Siin eich wat dò noch fäält
Da Butz de Briifkaschde de Hausnumma aach
Eich männ dat hat noch Zeit

Wenn eich moll furt bin von dahämm
dònn denk eich imma dròòn
daß't nit dat Scheen is war fäält
eich denken bloß dòdròòn

dass kääna eppes bessa wääs
un kääna gift me òòn
dònn määnt eich wissen
wat pasiat so met de Leit dahämm

op Schirras Opa schun geshtorf
da Heini schun geschiit
op newendròòn dat Haus vakaaft
un op mei Lewen lòng
eich met da Schneidasch Huddel honn
oda't doch gudd gift

eich honn ia letschtens eascht gesaat
da liibscht is mia mei Rou
un dass doch jeda gucken muss wii't get
mä'm Haus un dem drumrum

wenn eich oll furt bin von dahämm
donn denk eich imma dròòn
dass't nit dat Scheene is wat fäält
it iss dat Schwätzje met de Leit
un't Treiwen aus em Dorf

Gudd gess (Moselfränkisch)

*G*ischda honn aich Gebourtsdach gehatt. Wissena, wie alt aich gin bin? Nainundraißisch Joa alt. Nainundraißisch. In dem Alta kummt ma in de Mitlaifkraisis, soon se. Awa, dat hònn aich net needich. Aich passen jo uff uff mein Figuur, uff mein Aussejn, un uff mein Gesundhät!

Dò da Hans, aus dea anna Gass, den missena moll gesejn. Dea sitt villeischt aus! Aich kònn it auch sòòn. Än Wompen hat dea dò hänken wii'n klään Schweinchin. Un kään Hooa òm Kòpp. Raauchen dut dea aach wii'n Schlot. Dò gäft aich jo äscht äppes machen.

Dò dagejen bin aich jo richdich gutt sesommen. Jo, dò kinnen da moll louen. Di Bux passt noch! Di hònn aich vòòrich Joa fò de fuffzeenten Hochzeitsdach gekaaft. Awa, wat hònn aich ma äppes abgehall, um dat Gewicht se hallen. Aich konn et auch soon.

„Ungesunde Ernährung", hat meins gesaat, „ungesunde Ernährung is än Risikofaktor." Dò davon kònn ma än Herzinfakt krejn. Wenn ma dònn noch dabei raaucht un sich nit bewecht, eascht recht.

Also hònn mia gesund gess. Abgezeelte Kalorien, jätza hääscht dat jo Jauls. Awa mia sin dò jo altmodisch. Bei uus hääscht dat imma noch Kalorien. Mòjens beim Frühstück kään Aja mee mett Speck oda Dürrflääsch. Dat woa gonz abgeschriif. Nix 'frühstücke wie ein Kaiser', nää, nää. Ea wii en Vurrel. Müsli mett lauta Körna drin. Hawwaflocken, Hirseflocken, Sesamkörna, Rosinen, Bananenstickcha, un so weida. Jo, jo, dò kummt de Kraft von gonz alään, saat mei Fraa. Un getrunk hònn mia Fruchtsaft oda 'entkoffeinierten Kaffee'.

Soll aich auch moll äppes sòòn. Awa nit weida vazeelen. De Kraft kummt jo villeicht, awa dii Luscht? Wat hònn aich de Flämm gehatt! Awa, aich bin jo kään Mieselprimchin. Von so än paa Körna fängt et bei mia jo noch lòng nit òòn se piepsen.

Uff da Awitt hònn se gemònnt, aich wäa krònk. In da Paus hònn dii de Schmiiren ausgepackt un de Liona vadrickt. Än paa hònn aach än Glas Bia getrunk. Awa, dat därf ma jo nit vazeelen. Alkohol uff da Awitt is jo vaboot! Wenn aich dònn ausgepackt hònn, dò hònn se gelout. Paprikastreifen, Magaquark, Vollkornbretcha un frisch Milch. Wat männena, wii aich dò so fitt woa danòò. Dòfòa kunnt aich nòhea ach mea schaffen als dii Henkelmänna. Awa, aich schaffen jo gea.

Wenn aich dònn hämmkumm bin, hat mei Fraa meich so richdich vaweent. 'Sojaschnitzel', 'überbackenes Tofu', Salzkrumban un än Bersch voll Salat. Hònn aich dò ringehau. Un dii Schnitzel woaren so gudd. Fascht wii än richdich Schnitzel. Dò dabei hònn mia Gründels getrunk. 'Ein Mann, ein Bier', dat muss sin!

Wenn dia awai klaawen, aich hätt meich dònn uff et Ooa gehau, dònn hònn dia auch geirrt. Rin in de Schògginganzuch un raus in de Wald! Dò hònn aich de Virrel tatsächlich singen geheat! Awa moll ernscht. Bei soo'm Waldlauf entdeckt ma dii Natur eascht wida. Dia kinnen mia's klaawen. Aich wääß jätzt, wii dii 'deutsche Eiche' aussiit. In Natura, vasteet sich. Uuser Wohnzimmaschronk is jo aach aus Eiche, 'deutsche Wertarbeit'. Awa nadirlich bearbeitet. So òm Bòòm sitt dat Holz doch än bissin ònnascht aus. Awa, Spass bei Seit.

Wenn mia dònn hämmkumm sin, hònn mia geduscht un än gudd Flasch Bia getrunk. Gründels nadirlich. Gesund muss et jo sin. Als Naachtessen hadet dònn nochmoll än Salatschissel gin mett Vollkornbretcha. Monchmoll woaren ach än paa Aja dabei. Do bin aich ma dònn doch voakumm, wii än Kaninchin.

Awa, aich hònn durchgehall! Bis gischda. Do hònn aich jo Gebourtsdaach gehatt. Jätz is dat gesund Joa voabei. Wat hònn aich dò zougeschlaa! Mei Fraa hat moll gelout, datt aich noch so vill vatròòn. Un da Bròòden woa so gudd. Ma hònn wirklich gudd gess. Wirklich! Also, it Kochen hat mei Fraau nit valeat in dem Joa.

- Wat?

- Wat haschde gesaat?

- Di näkscht Wuch fòngen mia wida òòn ge-sund se essen?

Un aich hònn gemännt, et wäa jätz alles noch-moll so wii freja! –

Gut gegessen (Hochdeutsch)

Gestern hab ich Geburtstag gehabt. Wisst ihr, wie alt ich geworden bin? Neununddreißig. In dem Alter kommt man in die Mitlifekrise, sagt man. Aber, das habe ich nicht nötig. Ich passe ja auf auf meine Figur und mein Aussehen und auf meine Gesundheit!

Der Hans aus der anderen Gasse, den müsst ihr mal sehen. Der sieht vielleicht aus! Ich könnte es euch sagen. Einen Wampen hat der da hängen wie ein kleines Schweinchen. Und keine Haare mehr auf dem Kopf. Rauchen tut der auch wie ein Schlot. Da würde ich echt etwas machen.

Dagegen bin ich ja richtig gut zusammen. Ja, da könnt ihr mal schauen. Die Hose passt noch! Die habe ich im vergangenen Jahr zum fünfzehnten Hochzeitstag gekauft. Aber was habe ich mir abgehalten, um das Gewicht zu halten. Ich kann es euch sagen.

„Ungesunde Ernährung", hat meine Frau gesagt, „ungesunde Ernährung ist ein Risikofaktor." Davon kann man einen Herzinfarkt kriegen. Wenn man dann noch dabei raucht und sich nicht bewegt erst recht.

Also haben wir gesund gegessen. Abgezählte Kalorien, jetzt heißt das ja Joules. Aber wir sind da ja altmodisch. Bei uns heißt das immer noch Kalorien. Morgens beim Frühstück keine Eier mehr mit Speck oder Dürrfleisch. Das war ganz abgeschrieben. Nicht „frühstücke wie ein Kaiser", nein, nein.

Eher wie ein Vogel. Müsli mit lauter Körnern drin. Haferflocken, Hirseflocken, Sesamkörner, Rosinen, Bananenstückchen und so weiter. Ja, ja, da kommt die Kraft von ganz alleine, sagt meine Frau. Und getrunken haben wir Fruchtsaft oder ‚entkoffeinierten Kaffee'.

Soll ich euch mal etwas sagen. Aber nicht weiter erzählen. Die Kraft kommt ja vielleicht, aber die Lust? Was habe ich für eine schlechte Laune gehabt. Aber, ich bin ja keine Primel. Von so ein paar Körnern fängt es bei mir ja noch lange nicht an zu piepsen.

Auf der Arbeit haben sie gemeint, ich wär krank. In der Pause haben die die Schnitten ausgepackt und den Lyoner verdrückt. Ein paar haben auch ein Glas Bier getrunken. Aber, das darf man ja nicht erzählen. Alkohol auf der Arbeit ist ja verboten! Wenn ich dann ausgepackt habe, da haben die geschaut. Paprikastreifen, Magerquark, Vollkornbrötchen und frische Milch. Was meint ihr, wie ich da so fit war danach. Dafür konnte ich nachher auch mehr schaffen als die Henkelmänner. Aber ich schaffe ja gerne.

Wenn ich dann heimgekommen bin, hat meine Frau mich so richtig verwöhnt. ‚Sojaschnitzel', ‚überbackenes Tofu', Salzkartoffeln und einen Berg voll Salat. Habe ich da reingehauen. Und die Schnitzel waren so gut. Fast wie ein richtiges Schnitzel. Dazu haben wir Gründels getrunken. ‚Ein Mann, ein Bier' das muss sein!

Wenn ihr jetzt glaubt, ich hätte mich dann auf das Ohr gehauen, dann habt ihr euch geirrt. Rein in den Jogginganzug und raus in den Wald! Da habe ich die Vögel tatsächlich singen gehört! Aber mal im Ernst. Bei so einem Waldlauf entdeckt man die Natur erst wieder. Ihr könnt mir's glauben. Ich weiß jetzt, wie die ‚deutsche Eiche' aussieht. In Natur, versteht sich. Unser Wohnzimmerschrank ist ja auch aus Eiche, ‚deutsche Wertarbeit'. Aber natürlich bearbeitet. So am Baum sieht das Holz doch ein bisschen anders aus. Aber Spaß beiseite.

Wenn wir dann heimgekommen sind, haben wir geduscht und eine gute Flasche Bier getrunken. Gründel natürlich. Gesund muss es ja sein. Als Nachtessen hat es dann noch einmal eine Salatschüssel gegeben mit Vollkornbrötchen. Manchmal waren auch ein paar Eier dabei. Da bin ich mir dann doch vorgekommen wie ein Kaninchen.

Aber, ich habe durchgehalten! Bis gestern. Da habe ich ja Geburtstag gehabt. Jetzt ist das gesunde Jahr vorbei. Was habe ich da zugeschlagen! Meine Frau hat mal geschaut, dass ich noch so viel vertrage. Und der Braten war so gut. Wir haben wirklich gut gegessen. Wirklich! Also, das Kochen hat meine Frau nicht verlernt in dem Jahr.

Was?

Was hast du gesagt?

Die nächste Woche fangen wir wieder an, gesund zu essen?

Und ich habe gedacht, es wäre jetzt alles wieder so wie früher!

Der Floh

Im frisch verdorrten Stroh
verirrte sich ein Floh.
„So", sprach die Frau Mama,
die das Entschwinden sah,
„komm du mir nur nach Haus,
ist's aus mit deinem Schmaus!"

Der Floh jedoch war froh,
denn er verpasste so
ganz ohne große Flausen
das ungeliebte Zausen.

„Ach Kind, wo bleibst du nur?
Was bist du nur so stur!"
schimpft sie ganz nervös
und wurde langsam bös.

Als auf die Straße lief,
die Sonne stand schon tief,
ein kleines weißes Kätzchen,
verspielt mit lauter Mätzchen,
da sprang die Flohmama
mit leisem Hopsassa
aufs süße Katzenkind
und brachte ihm die Grind.

Dies sah die Katzenmutter,
sie brachte grad das Futter.
begann mit Argusaugen

das Fell gleich abzulaugen.

Da fiel die Flohmama
ganz ohne Hopsassa
in jenen Laugentank,
sank hurtig und ertrank.
Aufs wollig warme Stroh
das Katzenfellshampoo
die Katzenmutter goss,
und über'n Kindfloh floss.

Da floh der kleine Floh
gebadet aus dem Stroh
und suchte nun mit Grausen
die Flohmama beim Zausen.

Es rief ein kleiner Floh:
„Wo bist du Mutter, wo?"

(In Memoriam Heinz Erhard)

Umsonst

Die Kanalratte Tilo
verirrte sich im Futtersilo.
Sie fraß sich Wege durchs Getreide,
füllte ihre Eingeweide,
bis sie aufging wie ein Mops.

Den Ausgang fand die Tiloratte,
als sie sich durchgebissen hatte.
Voll Freude sie sich überschlug,
sich zum Kanaleingang hintrug,
wollt schleichen sich durchs Abflussrohr,
durchschreiten jenes Freiheitstor.

Doch hops, er blieb als Klops drin stecken.
Es half nicht ziehen, drücken, recken.
Am Ende er die Kraft verlor.
Er kam nicht mehr durchs Ausgangstor.

Wen Fressgier treibt wird zum Verhängnis
das Futterhaus als ein Gefängnis.

Vorherbst

Am Vortrag des Septembers weiß man nicht, welche Jahreszeit gelten soll, Spätsommer oder Frühherbst. Übergänge sind zuweilen verschwenderisch in der Vielfalt der Farben und Empfindungen. In der Frühe schossen die Strahlen der Bewässerungsanlage wie Fontänen eines Springbrunnens in die Luft und nässten das Grün mit vortrefflichem Guss. Danach drang ein erdiger, modrig-feuchter Wiesengeruch vom Tal her in die umliegenden Gästehäuser ein, dass es im Geist schon wieder frühlingte. Hier Frühling, dort Sommer und morgen Herbst.

Was treibt einen mehr an als die Zwischenzeit, das scheinbar Stillstehende und doch unentwegt Ruhelose, denn es will werden, werden. Der Wandler Herbst schafft es blätterleicht, uns in die veränderten Landschaften zu bugsieren. Ja, wir fragen nicht einmal danach, ob es vielleicht nicht immer so bleiben könnte, wie es gerade ist, das Wahre, Schöne, Gute. Wir gliedern uns ein in den Kreislauf der Natur, schließen uns an und dann auf für das Kommende.

Wie anders könnte es auch sein, wenn Gottes Schöpfung in unseren Köpfen Drachen steigen lässt, noch einmal in uns den Übermut der Kinderzeit wachruft, wo wir das Grenzenlose machbar dachten, das Formlose gestalten wollten nach unseren Vorstellungen? Wie überhaupt wir von der Vorstellung leben, dass jeder Herbst etwas zu Ende gehen lässt, bevor die Natur in den Winterschlaf fällt. Dabei ist gerade der Prozess dieser Wandlung ein Neuanfang, ein Nachdenken, Überdenken, Weiterdenken. Kann so am Ende das Ende einer Zeit stehen, die sich doch nie selbst beschließt, ein Kreislauf, der fortfährt, wieder und wieder?

So wie die Sonne am letzten Tag des Sommers – wenn man den Meteorologen folgen will, beginnt der Herbst bereits am ersten Septembertag - als zitronengelbe Glaskugel das Licht durch die Bäume wildert und wir dankbar die milde Wärme aufnehmen, die sie uns schmeichelnd schickt. Das Licht sendet uns viele Botschaften. In diesen Tagen legt es sich um uns wie ein zärtlicher Kokon, als wollte es sagen:

> „Komm in meine Wärmestube,
> ich will dich nähren
> für die Reise
> ins Reifende,
> ins Wandelnde.
> Ich bin das Licht,
> die Wahrheit,
> das Leben."

Die biblische Kraft heischt uns an. Ich sage: „So lass es denn werden, Herbst - und wenden." Dieweil mir der Wind vorausschauend um die Ohren streift.

Katzenjamma

Òm Mòjen leit de Sunn in Wolkenneschtan.
Se is noch miid, de Strahlen noch nit wach,
da Himmel dämmat, Sternscha funkeln schwach,
noch scheint da Mond, ea fòngt schunn òn se läschtan.

Da Schlòòf im Au da Sunn still sòmmelt Reschtan,
jetzt blòòst da Wind, vatreiwt se ohne Krach.
De Sunn spitzt raus un saat em Himmel Tach,
de Strahlen schimman, sin em Licht sei Schweschtan.

Eich trän meich rum, de Finschtaläden klappan,
de Virrel unam Dach gònz munta plappan,
eich zejn de Deck iwa de Kopp un schännen,

weil it so hell durch all die Ritzen blitzt.
De Katz zua Klapp hintrippelt, kruschtat, flitzt,
eich hea se hinam Haus 'na Maus nòrennen.

Erster Abschied

Es ist wahr, der September nimmt Platz im Kalender. Gleich in der Früh schwebte über den Wiesen ein schmaler, dichter Nebelstreifen durch die Dämmerung, daraus aufsteigend nieselnder Dunst, weiß, bleich, zerfasert. Von den Dingen, die man nicht lernen muss, sondern einfach weiß, ist die Gewissheit, dass nun andere Tage folgen, eine Aussicht, die man mit Zuversicht und Genugtuung zur Kenntnis nimmt. Auf die Natur ist eben Verlass! Das Herz spürt sogleich, woran es ist. Welche Ader auch zuerst in einem anschlägt, der Nebel ist in diesen Tagen wie ein Seismograph der Veränderungen, ein Vorhersager des Kommenden. Indes ein Wetterprophet ist er nicht immer.

Wenn die Sonne die Tautropfen sichtbar nachzeichnet und sie sich in der Wärme schließlich ausfunkeln und verdampfen, wenn die zarten Spinnfäden wie Perlenschnüre die Ritze der Mauern verschließen, trocknet es langsam wieder ab. Es wird einem warm ums Herz, wenn die filigranen Spinnteppiche auffliegen und davon schweben, die Schirmmützen der Eselsdistel von der Luft abgehoben und verweht werden und der milde Wind uns noch einmal um die Nase streift.

Die Sonne steigt höher und mit ihr der Gesang der Vögel. Wie viele werden wohl bleiben und wie viele wiederkehren? Es ziept und fiept, ein Vogellied nach dem anderen wird noch einmal abgesungen, das Gurren der Tauben in den Ästen hallt, es raschelt und klopft. Wie werde ich sie vermissen, diese bewegten Morgenstunden, die, mit prallem Leben angefüllt, mich aus den Träumen reißen, aus meiner Schläfrigkeit, meiner Trunkenheit.

Der erste Abschied kündigt sich in diesem Jahr so sanft wie möglich an. Die letzte Schönwetterperiode im September, die man Altweibersommer nennt, lässt nicht nur Spinnen we(i)ben. Der Morgen webt ebenso unablässig neue Farben ins Licht, in den Tag, der sein Hellblau freigibt wie Ampeln ihr Grün.

Die Eitelkeit

Ein herrschaftlicher Pfau
flanierte mit viel Flair,
es federte im Blau
die Schönheit mehr und mehr,

bis alle Spatzen schwatzten
über die Farbenzier.
Die Katzen eilends kratzten
den Weg frei für's Spalier.

Und links und rechts die Schwäne
mit Flügel applaudierten.
Der Pfau schwang seine Mähne
weit über die Regierten.

Er schaute nur nach oben,
bewundert von der Menge
und sah vor lauter Loben
nicht aus der dichten Enge.

So hoch erhobnen Hauptes
klatscht in die Pfütz' er nieder.
Dem Fußvolk gleichwohl schlaut es:
Wer sich erhöht, fällt wieder.

Monatslist

Wer will schon einen Julistart,
die Sommer sind doch viel zu hart,
sie glühen, sprühen, überbrühen
die Haut mit Kleister ohne Mühen,
faseln von Blasen Schwitzeschwatz,
was du auch tust, 's ist für die Katz.

Drum zupfe ich schon am Kalender,
den großen Monateverschwender,
hoffe auf Kühlung des Verschwitzten,
doch was geschieht, ich muss nachsitzen.

Es bleibt ein Wunsch, wenn auch ein frommer:
jetzt haben wir Altweibersommer.

Abschied der Gartenvögel

*H*eut früh verstehe ich, was die Farbe Himmelblau ausdrückt. Ein helles, voll gesättigtes, warmes Blau, von hellstem Gelb durchzogen, die wie wollige Streifen darin umherschweifen, als wollten sie den Himmel streicheln und liebkosen, löst die Morgendämmerung ab. Welche Poesie des Himmels!

Ich sehe und lausche, höre aber keine Vogelstimmen mehr, die sonst um diese Zeit ihr wildes, morgendliches Fütterungsspektakel vorführen und laut vor sich hin pfeifen. Es ist still geworden, unsere Gäste scheinen fortgeflogen zu sein. Auf den Ästen der smaragdenen Lebensbaumhecke lasten die vollen Zapfen. Sie lassen ihre Zweige hängen, Ausdruck der Trauer, dass von heute ab nur noch wenige Vögel sie besuchen werden. Zitronenfalter schweben über die Wiese, fliegen hinauf zur Hecke und lassen sich auf den Schuppenblättern nieder. Eine leichte Melancholie weht herüber, eine Art Hilfeschrei nach Rückschnitt.

Die Hecke aus Leyland-Zypressen wird an einer Stelle von herübergewachsenen Ästen des nachbarschaftlichen Holunders niedergedrückt. Brombeerzweige strecken ebenfalls ihre Früchte zwischen den Wildwuchs. Dunkelrote und hellrote Beerenköpfchen sehen mich an, als wollten sie fragen, wann werden wir geerntet? Ob die wenigen Wintergäste sie aufpicken werden? Vielleicht sollte ich sie aufsammeln und daraus Marmelade kochen. Ich will den Vögeln nicht in die Quere kommen und lasse sie weiter baumeln. Die Holunderbeeren sind schon fast vollständig aufgelesen. Dennoch bietet unser Garten für alle noch reichlich Nahrung und darüber freue ich mich.

Davon unbeeindruckt hält die Fichtenhecke ihr Nadelwerk in die Luft, als wollte sie noch ein wenig weiter wachsen. In den dichten Verzweigungen verbergen sich zurückgebliebene Nester. Niemand fliegt nun mehr hinein, wird am Boden scharren, hüpfen oder wuscheln. Lautlos endet der Frühherbst der Gartenvögel. Ein Trost, dass unsere Hecken grün bleiben werden. Das Gras muss noch gemäht werden. Eine Vielzahl an Pusteblumen hält die Schirmhäubchen fest und will sie nicht loslassen. Ja der Herbst fordert Opfer von uns allen. Beim ersten Windstoß werden sie davonfliegen.

Die Spinnen haben auf unserer Terrasse zwischen den Ecken der Holzpalisaden Netze gespannt. Als ich den Wildwuchs des Holunderbusches betrachten wollte, wäre ich fast hinein gelaufen. Heute soll es noch einmal sehr warm werden, sagen die Wetterpropheten, achtundzwanzig Grad. Es scheint, als wollte der Altweibersommer in diesem Jahr nicht enden. Schon volle zwei Wochen verwöhnt er uns und erleichtert das Abschiednehmen.

Ich will nicht vortrauern, denn der Abschied vom Spätsommer, phänologisch haben wir allerdings Frühherbst, kommt bestimmt. Selbst in der Bibel steht schon geschrieben: "Rühme dich nicht des morgenden Tages; denn du weißt nicht, was heute sich begeben mag." (Spr 27,1)

Herbststurm

Vögel ziehen ellbachwärts
Äste sich entblättern,
Wolken sind kein Wetterscherz,
treiben weiter himmelwärts,
Sehnsuchtsworte klettern.

> Ach, der Mond den Abend stillt
> nächtlich unter Sternen;
> ist die Seele nicht gewillt,
> Hoffnung aus den Träumen quillt,
> Schatten sich entfernen.

Später Sturm aus Windes Kräften
fasst die Luft am Kragen,
reißt die Blitze aus den Schäften,
Einschläge sich daran heften
Böden Risse tragen.

> Wer im Herbst im Sturmeswind
> schnell Schutz suchen muss,
> keine offne Tür mehr find',
> alles ändert sich geschwind,
> fragt nicht nach Verdruss.

Einer weiß, wohin du gehst
auf den grauen Wegen.
Wenn du es auch nicht verstehst,
oft nach Licht und Wärme flehst,
ihm ist an dir gelegen.

Abenteuer Herbst

*H*erbst, Jahreszeit der Abenteuer, der wechselnden Wetter, Drachenflug, Kartoffelfeuer, Martinsprozessionen. Wenn wir als Pioniere, Pfadfinder oder Höhlenkinder unterwegs waren, erklärten wir das Heimliche der Dämmerung zum Unheimlichen.

Damals grenzten an das Ende unserer Straße, sie war eine Sackgasse, endlos weite Wiesen an. Sie gehörten meist zu den jeweiligen Grundstücken der gegenüberliegenden Straßen und waren in Privatbesitz.

Die Straßenseiten trennte der Ellbach, der seine Wasserarme zwischen die einzelnen Parzellen streckte. Die Gräben markierten die Grenzlinie der Grundstücke und dienten der Entwässerung. Nicht jeder fand es lustig, dass Kinder sich darin tummelten und die Landschaft durchforsteten. Vor aufgebrachten Hausbesitzern mussten wir uns in Acht nehmen und manchmal sogar verstecken.

Im Herbst durchstöberten wir die Wiesen, brachen Äste ab, schabten trockene Blätter zusammen und häuften daraus eine Feuerstelle. Zündhölzer hatten wir immer dabei. Wir spielten Indianer am Lagerfeuer, ein größerer hohler Halm diente als Friedenspfeife. In der sumpfig feuchten Wiesenlandschaft stand das Regenwasser meist tief in den Gräben. Einige waren so breit, dass wir darüber hinweg springen mussten.

Hin und wieder verlor einer von uns einen Schuh im Graben. Alle begannen zu suchen, denn ohne Schuhe konnte sich von uns niemand zu Hause blicken lassen. Das Geld war vor dem deutschen Wirtschaftswunder in jeder Familie knapp. Für Herbstschuhe wurde das halbe Jahr gespart.

Wer als mutiger Pionier angesehen werden wollte, musste den Ellbach überqueren. Das geschah so: wir kletterten an Ästen, die vom gegenüberliegenden Bachrand hinüber wuchsen, auf die andere Seite oder schwangen uns mithilfe eines abgebrochenen Astes, der als Stab diente, hinüber.

Irgendwann landete jeder von uns im Wasser und lief mit nassen Kleidern nach Hause. Die Eltern schimpften kräftig, es gab Hausarrest. Das störte uns wenig. Der elterliche Zorn konnte uns nicht davon abhalten, erneut auf Entdeckungstour zu gehen, wenn wir wieder zusammen waren.

Im Oktober sammelten wir wie alle Kinder Kastanien, um daraus in der Schule kleine Männchen zu basteln. Eine ganze Galerie versammelte sich auf den Fensterbänken des Klassenzimmers. Am liebsten schnitzten wir aus Rüben Lichtgespenster. Damit erschreckten wir in der Dämmerung Erwachsene.

Während unser Lehrer uns die Blattformen der einzelnen Bäume und die Früchte des Herbstes erklärte, dachten wir daran, wo wir das nächste Lagerfeuer abhalten konnten. Denn nur im Herbst waren die Halme trocken genug, um zu dampfen und zu kokeln.

Heute sind große Teile der Wiesen zu Bauland geworden. Eine Seniorenresidenz steht auf unserem ehemaligen Revier und der Ellbach droht zu vertrocknen.

Uff da Pirsch (Moselfränkisch)

Jäger: Hascht de schunn geheat, datt da Otto widda uff de Pirsch gett? Jetzt kräät a de Bux nimme schnell genuch zou um furtsekummen.

Bekannter: Jo? Weas glaawt gift seelisch. Mia hat it Rehlein vazeelt, datt käämt von da Biebelschesbohnesupp. Dò gääft dea wii än Scheinendrescha rinschaufeln bis a bumsfertisch wea. Dò käämt dea Voabau hea.

Jäger: Ach nä, un mia vazeelt a, ea hätt kään Lunte geroch. De Schnepfen wären schunn uff em Strich. Deswejen misst ea jetzt in fremden Revieren wildan. Ea hätt nua noch äns im Kòpp: Auf, auf, zum fröhlichen Jagen, Waidmannsheil.

Bekannter: Schwätz kään Blech! Dea un wildan. Bis dea on gestiwwelt kummt, sin die Rehcha all uff em Dach, so än Tròònfunzel wie dea iss. Watt menschde dònn, warum it Rehlein uff Deiwel kumm raus de Flunsch so hänken lisst un nix se reißen un se beißen hat?

Jäger: Jo? Is datt so än Dollbohrer? Robbt dea vielleicht Bääm aus, wo gar känn sinn?

Bekannter: Jo, jo, hätt da Hund nitt geschiss, hätt a dii Häsja vielleicht kritt.

Jäger: Gischta is a awa mett seinem Floppard em Doolewutz no gelaaf. Fascht bis voa sein Hausdia, macht der so än Affäär! Dabei hott datt Wutz awa än Äärsch wii än Brauereigaul. Iss jo ach kään Wunna. Wenn mea Aue rinn wie raus louen, gift it hekscht Zeit, dass a aach moll än Schuss abgift.

Bekannter: Jo? Nitt datt ma driwwa schwätzt, awa menschte vielleicht, datt än Bordsteinschwalw onnascht flejt als dii Atzele dahämm. Piepse duun se doch all. Nua datt dii än mea Geschiss macht als dii anna.

Jäger: Awei hea awa uff. Jetzt hònn aich de Plon von dia em Sack. Eascht so machen, als kinnscht de kään Wässerchen triewen und dònn vom Ledda zejn! Dia meecht aich nitt int Revia geen.

Bekannter: Aweilen gett`s awa loss. Willscht dau maich vadummbeideln, dau Fòòtsnickel dau. Von watt schwätscht dau iwahaupt?

Jäger: Ei wenn doch die Britsch vom Wutz mea heagifft als än gonz Häsjen, wären de Spatzen bei dia doch aach schnell gefòng? Muscht jo nitt fo jeden Fuchs än Luda hònn!

Bekannter: Also datt lò iss doch än dicka Hund. It Rehlein is doch kään Luda. Ach wenn die Britsch nitt so ausladend is wie dem sein Voabau.

Jäger: Moment moll, muscht nitt gleich beleidigend ginn. Dii Britsch is jedenfalls greeßa als dem sein Voabau. Dò passt jo noch nitt moll än Frischling rin.

Bekannter: Dau bischt ma jo än richtisch bucklisch Vawondschaft! Wie kònnscht dau so von a niedlichen kläänen Bloum schwätzen? Dau Dummpraddla, dau.

Jäger: Bloum? Wea hatt dònn von da Bloum geschwätzt? Mia schießen doch kään Häsja, wenn de Wildsau òm blòòsen is?

Bekannter: Also dò gifft doch da Hund in da Pònn varrickt. Jetzt gifft dò ach noch äna geblòòs. In welchem Paradies bischt dau dònn dahämm? Vielleicht in dem von Buabach?

Jäger: Wenn mein Revia än Paradies wea, kinnten dii Rehrücken bròòden, da Otto breicht kään Horrido me se roufen und aich kään Halali se blòòsen. Die gonz Meute kinnten mia uus spaaren, allen voran die Vorstehahinn.

Bekannter: Jo gäft der moll mem Schwonz wedeln! Awa nix is. Datt is än Hirsch ohne Hörna, än Plattschuss, än Blindgänga; so krejn die nii än Balg.

Jäger: Ei wat gäfscht dau dònn machen, wenn uff da äänen Seit än gonz Rott voabeitreiwt un newendròòn än durr Geiß springt?

Bekannter: Jo is it vielleicht em Rehlein sein Schuld, wenn it nix se reißen un se beißen gift?

Jäger: Nä, ma kinnt awa wenischtens än Fährt lejen, damit dii gonz Hatz nit umsunscht wea.

Bekannter: Jo? Menschte vielleicht, dass da Otto em dònn uff de Leim gehen däät?

Jäger: Da Otto, wea schwätzt dònn vom Otto. Dea doch nitt. Awa da Platzhirsch. Dea is kään Mönch.

Bekannter: Un wea is da Platzhirsch?

Jäger: uck maich moll oon. Aich kinnt it da jo sòòn. Aich hònn noch jed Kuh kritt.

Bekannter: Awa da Otto is doch än Kamarad, än Freind! Dem sitzt ma doch kään Hörna uff.

Jäger: Dii sitzt ma sich ach nit uff, die hängt ma òn de Wònd.

Bekannter: Ach du liewa Gott. Om Änn gääfscht it ach noch ausstoppen.

Jäger: Ei watt soll it dann sunscht òn da Wònd machen? Bessa än Troffää òn da Wònd als än Wolf em Gaaten. Wat glaawscht de dònn, gääft dea mett so em Ricken machen? Bestimmt kään lòng Zicken. Dò kinnt dein Rehlein noch so wild rumspringen.

Bekannter: Awei saa nua, dau gääfscht mein Rehlein de Welf vor die Fiiß werfen?

Jäger: On so a durr Geiß gääfden se sich vor lauta Knochen wenigschtens de Zänn ausbeißen.

Bekannter: Dau bischt woll vom Lemmes gepickt. Dò fällt mia nix me in. Em beschten Freind it Rehlein ausspannen und se dann em Wolf zum Fraaß vorwerfen. De Otto muss aich unbedingt iwa dein Gesinnung uffklären un it Rehlein vor so em Platzhirsch warnen, damit it nitt in de Wald gett. Oda in dein Revia.

Jäger: Watt reecht daich dònn so uff. Rehcha geheeren doch in de Wald. Wo soll ma dònn sunscht it Wildbret herkrejn.

Bekannter: Jedenfalls nitt von meina Schweschta!

Auf der Pirsch (Hochdeutsch)

Jäger: Hast du schon gehört, dass der Otto wieder auf die Pirsch geht. Seither bekommt der seine Hose nicht mehr rechtzeitig zu.

Bekannter: Ja? Wer's glaubt, wird seelisch. Rehlein hat mir erzählt, das käme von der Bohnensuppe. Wie ein Scheunendrescher würde er sie in sich hin-ein-schaufeln, solange bis er bumsfertig ist. Deshalb hätte er auch so einen Vorbau.

Jäger: Ach nein, und mir hat er erzählt, er hätte keine Lunte gerochen und vor der Tür wäre gar kein Holz. Die Schnepfe wäre bereits auf dem Strich. Weshalb er jetzt in fremden Revieren wildern würde. Denn er hätte immer nur eines im Kopf: auf, auf, zum fröhlichen Jagen, Waidmannsheil.

Bekannter: Erzähl keinen Unsinn. Der und wildern. Bis der angekrochen kommt, sind die Rehe doch alle auf dem Dach, so transusig wie der ist. Was glaubst du denn, warum das Rehlein auf Teufel komm raus nichts mehr auf den Rippen hat und sich so hängen lässt.

Jäger: Ja? Ist das so ein Trottel. Reißt der vielleicht Bäume aus wo keine sind?

Bekannter: Ja, ja, hätte der Hund nicht geschissen, hätte er die Hasen vielleicht bekommen.

Jäger: Gestern ist er aber mit seinem Schießgewehr einer Sau nachgelaufen. Fast bis vor die Haustür. So ein Theater macht der. Das Schwein hatte einen Arsch wie ein Brauereigaul. Ist aber alles kein Wunder. Wenn mehr Augen hineinschauen als hinaus wird es höchste Zeit, dass er auch mal einen Schuss abgibt.

Bekannter: Ja? Nicht dass man drüber redet, aber meinst du vielleicht, dass eine Bordsteinschwalbe anders fliegt als die Amsel zu Hause?

Jäger: Jetzt hör aber auf! Erst tust du so, als könntest du kein Wässerchen trüben und dann ziehst du vom Leder. Dir möchte ich nicht ins Revier gehen.

Bekannter: Wie meinst du denn das? Willst du mich vielleicht für dumm verkaufen? Von was redest du überhaupt?

Jäger: Ei wenn doch das Hinterteil der Sau mehr hergibt als ein ganzes Häschen, wären bei dir die Spatzen doch auch schnell gefangen. Man muss nicht für jeden Fuchs ein Luder haben.

Bekannter: Also das ist doch ein dicker Hund. Das Rehlein ist doch kein Luder. Auch wenn das Hinterteil nicht so ausladend ist wie dem sein Vorbau.

Jäger: Moment mal, du musst nicht gleich ausfallend werden. Das Hinterteil war jedenfalls größer als der Holzvorbau vor dem seiner Tür. Da passt ja noch nicht einmal ein Frischling rein.

Bekannter: Du bist mir ja eine bucklige Verwandtschaft! Wie kannst du so von einer niedlichen kleinen Blume reden?

Jäger: Blume? Wer redet denn von einer Blume? Wir schießen doch keine Häschen, wenn die Wildsau am Blasen ist.

Bekannter: Ja da wird doch der Hund in der Pfanne verrückt. Jetzt wird da auch noch einen geblasen. In welchem Paradies bist du dann zu Haus? Vielleicht in dem in Burbach?

Jäger: Wenn mein Revier ein Paradies wäre, könnten die Rehrücken braten, Otto bräucht kein Horrido zu rufen und ich kein Halali zu blasen. Die ganze Meute könnten wir uns sparen, allen voran die Vorsteherhunde.

Bekannter: Ja würde der mal mit dem Schwanz wedeln. Aber nichts ist. Das ist ein Hirsch ohne Hörner, ein Blattschuss, ein Blindgänger, so kriegen die nie einen Balg.

Jäger: Ei was würdest du denn machen, wenn auf der einen Seite eine ganze Rotte vorbei treiben und auf der anderen Seite eine dürre Geiß springen würde?

Bekannter: Ja ist das vielleicht dem Rehlein seine Schuld, wenn es nichts zu reißen und zu beißen gibt?

Jäger: Nein, aber man könnte doch wenigstens eine Fährte auslegen, damit die Hatz nicht umsonst wäre.

Bekannter: Ja glaubst du denn, der Otto würde dem Rehlein dann auf den Leim gehen?

Jäger: Otto, wer redet denn von Otto. Der doch nicht. Aber der Platzhirsch. Der ist übrigens kein Mönch.
Bekannter: Und wo ist der Platzhirsch?

Jäger: Schau mich mal an. Ich könnte es dir ja sagen. Ich hab noch jede Kuh bekommen.

Bekannter: Aber der Otto ist doch dein Freund. Dem setzt man doch keine Hörner auf!

Jäger: Die setzt man sich auch nicht auf, die hängt man an die Wand!

Bekannter: Ach du lieber Gott. Am Ende würdest du sie auch noch ausstopfen.

Jäger: Ja was sie soll denn sonst an der Wand machen? Besser eine Trophäe an der Wand als einen Wolf im Garten. Was glaubst du wohl, würde der mit so einem Ricken machen? Bestimmt keine langen Zicken. Da könnte dein Rehlein noch so wild herumspringen.

Bekannter: Jetzt sag nur, du würdest das Rehlein dem Wolf vor die Füße werfen?

Jäger: An so einer dürren Geiß würden die sich wenigstens mal an den Knochen die Zähne ausbeißen.

Bekannter: Du bist wohl nicht ganz richtig im Kopf. Da fällt einem doch nichts mehr ein! Dem besten Freund das Rehlein ausspannen und es dem Wolf zum Fraß vorwerfen. Das muss ich unbedingt Otto erzählen und ihn über deine Gesinnung aufklären. Und Rehlein muss ich vor so einem Platzhirsch wie dir warnen, damit sie nicht in den Wald oder dein Revier geht.

Jäger: Was regst du dich eigentlich so auf. Rehe gehören doch in den Wald. Wo soll man denn sonst das Wildbret herbekommen?

Bekannter: Jedenfalls nicht von meiner Schwester!

Lachwald (Moselfränkisch)

Em Wald un uff da Hääd,
dem Lehra gonz zua Frääd
sin mia om Wandadach marschiat
hon uusa Poviant probiat
un uffgepasstt uffs Klääd

      Den gonzen longen Weech
      hon mia gequakt wie Fräsch,
      die Mundorgel voll abgesung,
      die Reecha um de Ruh gebrung,
      bis die gefall vom Flääsch.

Die Hasen sin gehupst,
hädden uus gea geschtubst
dass uusa Choa vastummen soll
sogar die Fichs woren gonz doll
doch dat hat nix genutzt.

      Denn usa Lehrer woa
      än Dirigent im Choa
      wollt dass wie Engelcha mia singen
      ach wenn die Stimmen onnascht klingen
      aich männ, dea woa nitt kloa.

So honn mia losgeteent,
de Lachwald sich gesehnt,
dass ball da Wandadach vorbei,
da Wald von all der Unruh frei,
ach mia honn laut geschtehnt.

Dat Schenschte woa om Dach,
wenn mia die Rascht gemach,
dònn kaaften mia uus Eis om Stiel,
dofoa wo uus jo nix se vill,
do woa donn noch mehr Krach.

Da Lachwald stett noch imma.
Haut is it noch vill schlimma,
met Geocaching iwarall
verunsichan die Bersch un Tal.
Da Wald schweigt nie un nimma.

Lachwald

Im Wald und auf der Heide,
dem Lehrer ganz zur Freude,
sind wir am Wandertag marschiert,
haben den Proviant probiert
und aufgepasst aufs Kleid.

  Den ganzen langen Weg
  gequakt wie Frösch unstet,
  die Mundorgel voll abgesungen,
  die Rehe um die Ruh gezwungen,
  bis die sich abgedreht.

Die Hasen sind gehüpft,
gern uns den Strick geknüpft
damit der Chor verstummen soll,
sogar die Füchse wurden toll,
doch hat das nichts genützt.

  Der Lehrer war zuvor
  ein Dirigent im Chor,
  wollte dass wir wie Engel sangen,
  wenn auch die Stimmen anders klangen,
  ihm klang es gut im Ohr.

Wie haben wir getönt,
der Lachwald sich gesehnt,
dass bald der Wandertag vorbei,
der Wald vom Missklang wieder frei,
auch wir haben gestöhnt.

Das Schönste an dem Tag:
die Rast war der Ertrag.
Im Gasthaus gab es Eis am Stil,
dafür war uns doch nichts zu viel,
Wir machten noch mehr Krach.

Der Lachwald steht noch immer.
Heute ist es noch viel schlimmer,
mit Geocaching überall
verunsichern sie Berg und Tal.
Der Wald schweigt nie und nimmer.

Nicht schlecht Herr Specht

Zu Sommers Abschied haut ein Specht
die Schnabelsäge in den Ast.
Zur Mittagszeit im letzten Glast
wird aus dem Zimmermann ein Knecht.

Dies ist dem Eichhörnchen nicht recht,
es schläft grad süß in seinem Kobel,
wird wachgerüttelt durch den Hobel,
die Ruhe durch den Krach geschwächt.

Der Vogel bohrt sich in den Bast
und denkt: das ist nicht schlecht, Herr Specht!
Als um das Nest er weiter zecht,
wird es dem Hörnchen doch zur Last.

Es schlägt die Krallen zum Gefecht
und stellt das Fell auf wie ein Zobel.
Der Specht denkt: dieses Fell wär nobel,
als Innenfutter gar nicht schlecht

Das Hörnchen springt flugs an die Höhle,
will jenen Störenfried verprügeln,
der droht mit aufgeschlag'nen Flügeln
und schreit aus voller Vogelkehle.

Das Hörnchen, wirr von dem Krakeelen,
trifft jenes Nest nicht ganz genau.
Die losen Brocken aus dem Bau
des Hörnchens Köpfchen nicht verfehlen.

Getroffen fällt der Streiter nieder
auf einen Wurzelstrang des Baums.

Der Specht, verwundert dieses Traums,
trällert den Wald voll Siegeslieder.
Da setzt ein Rotfuchs , der dort schnürte,
zum Sprung an auf die leichte Beute,
als sich des Spechtes ganze Meute
auf diesen stürzte und Wind schürte.

Der Fuchs, erschrocken, lies ihn liegen.
Die Vogelschar schlug weiter Wind,
das Hörnchen lag taub wie ein Kind.
Kein Specht wollte da weiterfliegen.

Als zehn Minuten schon vergangen
schlug's Hörnchen seine Äuglein auf,
der Schwarm vor Freude pfiff zuhauf.
Da wollt Hörnchen nichts mehr verlangen,
hat sich nie mehr bei Spechts verfangen.

Waldesluft

Waldesluft, Waldesluft,
oh wie heilsam wirkt dein Duft.
Des Hirsches Röhrerei
fängt eine Hirschkuh ein
und brüllt aus voller Brust
von Liebeslust.

Waldesluft, Waldesluft
oh wie kleidsam Frischlings Kluft.
Des Wildschweins Stöberei
setzt einen Dachsbau frei
und wühlt aus voller Brust
mit Hungerslust.

Waldesluft, Waldesluft
auf dem Hochsitz schielt ein Schuft.
Des Schützens Störerei
setzt auch den Füchsen bei,
er jagt aus voller Brust
mit Jägers Lust.

Erntezeit

Im Brombeerbusch, im Brombeerbusch,
da raschelt laut das Husch, Husch, Husch.
Dort scharrt ein Fuchs im Raubewuchs
die Hagebutt' ab, flugs, flugs, flugs.

Ein Eichhörnchen zerwühlt am Saum
vom Walnussbaum den Blätterflaum,
zieht Furchen, Ritze, fix, fix, fix,
vergräbt den Vorrats-Früchtemix.

Und aus dem Apfelschalenrest
macht sich die Maus ein Erntefest.
Ach ja, was dann noch übrig bleibt,
ist für die Katz, die sich rumtreibt.

Die Blätter weinen

Die Blätter weinen, grämen sich zur Erde,
sie fallen, träumemüd, in kaltes Gras.
Dass keinem von dem Fallen schaurig werde,
zersplittern sie am Boden hart wie Glas.

Und alle Scherben stiebt der Wind als Wirbel
in hohem Bogen durch die Einsamkeiten.
Kein Vogel folgt, verfängt sich in dem Zwirbel,
sie hoben längst schon ab in ferne Weiten.

Und fällt dein Blick herab auf welke Blumen,
flunkert dir zu die stolze Herbstzeitlose,
sammle der Blüten letzte Farbenkrumen,
verteil sie sorgsam auf das Grün der Moose.

Herbstbeginn im Pinienwald

*W*ir zählen zu den letzten Gästen der Saison und genießen die einkehrende Ruhe der Bäume. Noch einmal sehen wir, wie die Eichhörnchen sich an Pinienstämmen hochkrallen, anhalten und in der Senkrechten weiterlaufen, bevor sie im Geäst Sprungkünste vorführen, die manche Artisten in Versuchung bringen würden, ihnen nachzueifern, wenn sie nur wüssten, wie sie es anstellen müssten.

Heute Morgen rasten gar drei dieser kuscheligen Pelztiere an den Stämmen hoch und fauchten sich gegenseitig an. War dies schon das Verteidigen der Futtertröge oder ein Kinderspiel ums Besser, Höher, Schöner? Jedenfalls gaben die sonst stummen, possierlichen Nager schrille Schreie von sich. Beginnt so der September? Unfriedlich, aufgescheucht und kämpferisch?

Die Sonne beteiligte sich nicht daran. Sie stieg vom Horizont als pralle Orange auf und bestrahlte alles, was sich ihr in den Weg stellte. Da dachte ich: „Hier bin ich Mensch, hier darf ich sein." Ach du mein Goethe! Wie hättest du dieses Spektakel beschrieben, vielleicht als Lehrling der Jahreszeiten, der den Sommer loswerden will?

Strahle, strahle
pralle Hitze in die frühe Morgenstunde,
dass mit Wärme schwillt das Fahle,
heilt die kühle Sterbenswunde.

Die Dichter fanden viele Worte für diese Zwischenzeit. Der Übergang von der Morgendämmerung in den lichten Tag war heute jedenfalls unüberhörbar. Rehe sind in diesem Frühherbst noch keine durch den Wald gelaufen. Letztes Jahr kamen sie bis an die Müllcontainer, hielten kurz an und liefen wieder hinter die Einzäunung des Feriengeländes. Auch ein Wildschwein schaffte es schon hinter die Abgrenzung, grunzte missmutig auf einer Terrasse, bevor es den Weg zurück nahm.

Weniger laut wanderten die mit uns verbliebenen Gäste ins Dorf, um im Lebensmittelladen das Frühstück zu besorgen. Sie kamen noch leiser zurück. Diskretion herrscht hier im Pinienwald, denn hier leben Mensch und Natur miteinander in Eintracht. Ein fürstliches Vergnügen empfindet man, in diesen Tempeln des Wohllebens weilen zu können. Da schon Napoleon die Gegend um das Département Gironde bevorzugte, fühlen wir uns ebenfalls wie Gott in Frankreich. „Gebt dem Kaiser, was des Kaisers ist", steht geschrieben und so geben und nehmen wir auf, was vor Jahrhunderten hier schon gelebt wurde: die Stille des Augenblicks, den Frieden der Bäume, das Licht des Himmels. Erholung par excellence im September, Balsam für die Seele.

Die Tauben gurren auf erhabenen Ästen und tanzen sich an. Der Lockruf der Natur erfasst plötzlich alles Lebendige und so schwirren die Spatzen vereint von Strauch zu Strauch, von Ast zu Ast. Manche Vogelarten zwitschern ihren Nachkommen, wo das pfündige Morgenmal in den Sträuchern und Hecken zu finden ist. Vogelgespräche, Kolumnen der Futtersuche, Anzeigen der Fundstellen. Ach ja, wie genüsslich der Herbst sie noch einmal versorgt, damit alle vorsorgen können. Wenn die Blätter fallen, wird das Scharren, Herausholen und Wiederverscharren zur lebensnotwendigen Routine der Waldbewohner. Indes stoßen die Wachposten mancher Vögel Warnschreie aus zur Revierhaltung und Hauspflege.

Die Friedenstaube

An einem frühen Sonnentag,
als aller Wald in Ruhe lag,
erklomm ein Hörnchen, flink und flux
den Pinienstamm ohne Gemux.

Es speiste von der Zapfenquelle,
zerbiss die feste Zapfenpelle.
Weit hallte unverhohl'nes Schmatzen.
Da hört es doch ein andres kratzen!

Dies war nicht recht, denn dieser Stamm
gehörte ihm, ein jedes Gramm!
Doch dem Besucher war dies gleich,
die Zapfenkron' war aller Reich.

Er räkelte zum Nachbarast,
der Zapfenwuchs wie eine Quast
dort prangte und mit viel Genuss
holte es aus zum Räuberschuss.

Da wackelte es im Geäst,
das Hörnchen krallte sich ganz fest
und fauchte jenen Räuber an,
damit er floh. Dem lag nichts dran!

Er sah voll Mitleid an das Hörnchen,
blies ins Gesicht ihm letztes Körnchen.
Das war zu viel, 'ne Kriegserklärung!
Der Kampf entbrannt um die Ernährung.

Das Hörnchen setzte an zum Sprung,

der Dieb war schneller, war noch jung.
So jagte ihn der alte Hase
durch das Geäst mit Spürhundnase.

Sie stießen schrille Schreie aus,
ununterbrochen, ohne Paus',
bis aufgewacht der ganze Wald
vom Kampf der beiden mit Gewalt.

Zur Pinie hin 'ne Taube flog,
aus Flügeln eine Laube bog.
Da hielten ein die Kampfgenossen,
kauerten sich an Astes Sprossen.

Die Taube sprach: „Euch sei's gesagt,
wenn ihr nur einen Schrei noch wagt,
fliegt auf das ganze Vogelheer
und flügelt Wind wie Sturm am Meer.

Wir wirbeln weiter, machen Dampf,
bis aufhört ihr mit eurem Kampf!
Es gibt genügend Pinienkronen,
die sich für jedes Hörnchen lohnen.

Reicht euch die Krallen, Frieden sei.
Im Wald sind alle Tiere frei!"
Da duckten beide ihre Köpfchen,
die Augen funkelten wie Knöpfchen.

Sie krallten sich zum Friedensgruß
und zogen ab auf leisem Fuß.
Der Taube Spruch zum Himmel schallt.
So ruht in Frieden nun der Wald.

Übertritt

Der Morgen flammt sich durch den Fels,
Steinadler hämmern auf den Graten,
sie turnen wild wie Akrobaten,
ungeachtet des Appels

des Nebels. Er marschiert mit starkem Schritt
durch die Landschaft in die Städte,
sorgt für erste Straßenglätte,
ist des Herbstes Übertritt.

Kleine Welten werden kleiner
Dunst steigt auf, die Luft wird dünn,
Langsamkeit ein Zeitgewinn,
bis die Sicht am Himmel reiner.

Wetterprognose

Wo ist das Licht, wo hellt es fort?
Verlasse nicht deinen Seelenort.

Die Blätterwirrniss
zehrt an Stämmen wie Rost,

der Ost reißt sie mitsamt
den Zweigen ins Bodenexil,

wenn auch knitternde Reste
dem Wind sich verweigern,

steigern Wolkenreihen
in dunkel gefärbter Luft das Drohen,

den hohen Blitzen
nicht entgegen zu stehen.

Und drehen die Böen ab nach Nord,
aufhellt das Licht, fort und fort.

Verlasse nicht deinen Seelenort!

Fruchträuber

Rote Beerenbüschel
warf die Eberesche ins Land,

Drosseln riefen den Notstand aus,
noch nicht geöffnet die Vorratskammern.

Fruchträuber strichen umher
den Speisesack im Gepäck.

Die Kerne entfernte
das raue Gebläse des Sturms.

Mäuse verscharrten den Rest.

Unwetter

Wolken wallen durch die Tage,
Blitze funken den Ernst der Lage,
Donner grollen sich aus.

Bist im Gewitter du eingeschlossen,
denk daran, Hagelkörner schon schossen
durch manches Haus.

Zähl die Schäden des Sommers hinzu,
bleibt dir nur eins: warte in Ruh,
bis der Winter eingekehrt.

Am lodernden Feuer wärme dich richtig,
für den Frühling ist eines nur wichtig,
dass die Samen unversehrt.

Zu viel oder zu wenig?

*A*dvent – es ist soweit! Wieder das Glitzern und Funkeln der Straßenbeleuchtung, die übergroßen Tannenbäume auf den Märkten und das Aroma von Zimt und Mandeln.

„Was machen die Kinder?" fragte eine Frau mittleren Alters eine jüngere.

„Sie sind in der Wichtelwerkstatt. Bin gespannt, was sie alles gebastelt haben, wenn ich sie abhole."

Ja, ja, ist schon länger her, dass ich mit Christian über den Weihnachtsmarkt gelaufen bin. Wenn man sieht, was Kindern heute geboten wird, möchte man noch einmal Kind sein. Die Zeiten haben sich halt geändert. Was damals als ordentlich galt, wird heute als arm angesehen.

Was ist Armut, fragte ich mich. Karussellfahrten nicht bezahlen zu können, Zuckerwatte nicht und den kreativen Weihnachtsbastelkurs auch nicht? Armut, kam mir in den Sinn, war eine unpassende Kleidung, ein fehlender Mantel, Schuhe, Mütze oder Schal. Das waren die Dinge, die sich Kinder einmal wünschten. oder einfach eine Tafel Schokolade. Alles das.

Ich erinnere mich an jene Weihnachten, als ich mir warme Hausschuhe wünschte. Und tatsächlich hatten mich Mutter und meine Patin mit in ein Schuhgeschäft genommen. Ich fand dort rote, knöchelhohe Textilstiefeletten mit umschlagbarem Kragen und Warmfutter. Ich durfte sie anprobieren.

Sofort war ich in die Schuhe verliebt und wollte sie nicht mehr auszuziehen. Aber daraus wurde nichts. Denn ich musste sie zurückgeben, wieder hergeben! Und war todtraurig, dass mir das Christkind sie wohl nicht bringen würde. Wie ungerecht ich das damals empfand. Andere Kinder konnten ihre Schuhe anprobierten behalten. Mir war das nicht vergönnt. Tatsächlich aber brachte das Christkind mir genau diese Hausstiefelchen, die mir so gut gefallen hatten. Aber die Freude darüber wollte sich nicht mehr so richtig einstellen. Zu groß war die Enttäuschung, dass ich sie wieder hergeben musste, wo ich mir doch nur diese Hausschuhe gewünscht hatte. Diese Entbehrung ist mir bis heute in Erinnerung geblieben. Ein unerfüllter Herzenswunsch oder besser gesagt, ein aufgeschobener Herzenswunsch., der in mir das Gefühl von Armut und Benachteiligung hervorrief, das Gefühl, nicht so viel wert zu sein wie andere Kinder. Nur einmal wollte ich das bekommen, was ich mir wünschte, etwas Neues, Ungetragenes, das nur mir gehörte. War es der Zwang zur Entbehrung oder das Erlebnis, dass andere Kinder im gleichen Augenblick beschenkt wurden, dass ich so enttäuscht war? Der aufgezwungene Verzicht bei gegenwärtigem Erleben von Wohlstand prägte mich nachhaltig.

Wie musste es heute wohl Kindern gehen, die diesen Überfluss wahrnehmen und selbst zur Tafel gehen müssen, damit man sich von dem so Ersparten andere Dinge leisten konnte. Wie musste es den Obdachlosen gehen, die einmal im Jahr wie Gäste behandelt wurden und ein „opulentes Mahl" serviert bekamen? War dies die ganze Menschenwürde?

Ich dachte, dass mich dies alles weniger berühren würde. Lebten wir nicht in einer Leistungsgesellschaft, in der jeder, der sich etwas erarbeitet hatte, stolz darauf sein durfte und sich hin und wieder auch ein wenig Luxus gönnen konnte? So viele Gedanken um Armut in einem Land, das doch so reich sein sollte. Ich kam nicht davon los. An jeder Ecke saßen die saisonalen Bettelnden, die jedes Jahr an Brücken und Straßen lagerten und einen ganz besonders bedauernswert ansahen, die Hand oder den Hut aufhielten, Bettlerketten, Banden, welche die christliche Nächstenliebe an der Nase herum führten? Wide viel Leid verbarg sich hinter diesen Gesichtern? Wem konnte man, wem sollte man und wem musste man helfen?

Die ewige Frage nach der sozialen Gerechtigkeit, dem Ausgleich des Zuviel an das Zuwenig in einem Land, das von Gesetzen, auch rund um die Armut, überzogen war. Wurden etwa die Gotteshäuser über Nacht für die wirklich Obdachlosen geöffnet, um ihnen für eine Nacht ein Dach über dem Kopf zu gewähren? Was war mit der Nichtsesshaftenhilfe? Jeder hatte einen Anspruch auf Unterkunft und Verpflegung. Weshalb wollten diese Menschen keinen Gebrauch davon machen? Waren die Sesshaften Schuld daran oder war es ein besonderes Lebensgefühl, davon keinen Gebrauch machen zu wollen? War es Scham, Stolz oder Überforderung? Was würde ich tun? Bei diesem Gedanken spürte ich so etwas wie Unbehagen, Beklommenheit, ja sogar Angst, in einer hochzivilisierten Welt auf der Parkbank schlafen zu müssen?

Warum die gewerbsmäßig Bettelnden in mir dieses ungute Gefühl hervorriefen, konnte ich mir nicht erklären. Wo sie doch das ganze Jahr über damit die „Kassen" füllten! War der symbolische Akt des Helfenwollens ein inneres Bedürfnis oder gar ein Zwang? Kulturbedingt war er sicherlich. Denn nicht überall kam dies den Menschen in den Sinn. Manche waren darüber so sehr verärgert, dass das Betteln in den Innenstädten verboten wurde oder verboten werden sollte. Auch in Saarbrücken stand dies schon zur Debatte. Das aktive Anbetteln war nicht mehr erlaubt. Aber genügten nicht schon die flehenden Blicke und das Hinhalten des Hutes, um Schuldgefühle hervorzurufen?

Versunken in die innere Debatte um Armut, Ursachen und Wirkung nahm ich die angenehmen Seiten des Christkindlmarktes nicht mehr wahr. Ich wollte mich doch eigentlich mit Gregor treffen! Wie jedes Jahr gelüstete es mich nach dem saarländischen Nationalgericht, dem Dippelappes. Ich steuerte den Brunnen auf dem Sankt Johanner Markt an. Die kleine Bühne war wie im letzten Jahr davor aufgebaut worden. Eine Blaskapelle spielte Tochter Zion. Da sah ich Gregor winken. Wir schlenderten gemeinsam zum Stand der Hobbyköche. Ich bestellte eine Portion mit Apfelmus. Gregor verschwand kurz an der Rostwurstbude.

„Schmeckt es?" fragte er, während er in die Bratwurst biss. Ich musste zugeben, dass es nicht wirklich ein Genuss war. Ich bezweifelte, dass der Dippelappes wirklich frisch zubereitet worden war. Wahrscheinlicher war, dass sie eine vorgefertigte Teigmasse verwendeten. Meine Christkindlmarkt-Speisetradition geriet arg ins Wanken.

Eine Tasse Glühwein sollte es noch sein, allein schon der Tassen wegen. Meine Sammelleidenschaft für Glühweintassen füllt mittlerweile den halben Küchenschrank. In diesem Jahr gefielen mir die Stiefelchen mit dem dunkelgrünen Hintergrund besser als die Becher. Wir stellten uns an einen Stand, an dem weniger los war. Er gehörte allerdings ebenfalls dem marktführenden Standbetreiber. Der Glühwein wärmte gut und Gregor meinte, dass zwei Stiefelchen als Mitbringsel wohl genügten. Dann entdeckte ich Tassen, die wie Schneemänner aussahen. Die musste ich unbedingt haben! Gregor schüttelte den Kopf über so viel Uneinsichtigkeit. Recht hatte er ja und wenn ich an meine innere Armutskonferenz dachte, war es eigentlich purer Luxus, Tassen zu sammeln. Dennoch kaufte ich zusätzlich zwei Schneemanntassen und das auch noch ohne schlechtes Gewissen.

Vielleicht gehörte es auch zum Advent einzusehen, dass nicht alles, was rational vernünftig erscheint, getan werden muss, sondern dass des bedeutender war, dem eigenen Lebensgefühl zu folgen, auch wenn es dafür keine begründbare Notwendigkeiten gab. Freude war schließlich keine Frage von

Schuld, solange sie nicht auf Kosten anderer ging. Die Erwartung von Weihnachten schloss alle Weihnachtstraditionen mit ein. Weshalb wir uns ja auch auf dem Christkindlmarkt getroffen hatten. Was wir noch kauften? Zwei große Tüten mit gebrannten Mandeln, jede anders geröstet. Auch eine Tradition. Eine von Gregor.

Zwischen Wendezeiten

Oh kalte Zeit, du schneidest dich in Scheiben,
zerrinnst im Handumdrehn zu Licht und Schatten
und kenterst unbemerkt wie die Fregatten,
die zwischen Stürmen sich den Bug zerreiben.

Was hält dort Stand, wer kann da aufrecht bleiben,
wo alles modert derb wie abgeriss'ne Latten.
Kein Seestern gräbt sich ein in abgestand'ne Watten,
will dem Verderben frei sich einverleiben.

Der neue Tag zerstückelt den Kalender,
die abgelöste Zeit beginnt zu wachsen,
fügt Stund' um Stund' beisammen und behänder

strebt das Licht zu Wendezeiten-Achsen.
Es wärmt die Sonn' am Horizont das Auge,
dass diese Zeit zu neuem Aufbruch tauge.

Die Krippe von Sankt Blasius

*E*s war der erste Adventsonntag und alles strömte in die Kirche von Sankt Blasius. Der Pfarrgemeinderat hatte beschlossen, die Krippe in diesem Jahr zu vergrößern. Hierzu wurden noch Freiwillige gesucht, die sich am Aufbau und an der Ausgestaltung beteiligen wollten, stand im Pfarrboten schon im Juli.

Das war der Anlass, weshalb wir es vor lauter Vorfreude auch nicht mehr erwarten konnten, in die Kirche zu gehen, um die neue Krippe anzuschauen und den Adventskranz zu bestaunen, welcher an großen Seilen von der Decke der Kirche herunterhing.

Mutter hatte uns alle besonders schön angezogen, denn sie wollte nicht, dass sich irgendjemand über unser Aussehen mokieren konnte. Schließlich war sie eine gute Mutter, die sich um die Familie sorgte und kümmerte.

In der Kirche musste ich meine Hände aus dem Muff nehmen, denn Mutter hatte vorher gesagt, so was gehöre sich in der Kirche nicht. In der Kirche müsse man fromm sein, dürfe die Hände nicht in die Taschen stecken und müsse ganz still sein.

So standen wir nun andächtig vor der neuen Krippe. Der Stall war viel größer als vorher und mit richtigem Stroh gedeckt. Die Figuren waren in Originalgröße von einheimischen Künstlern gefertigt worden. Maria und Josef knieten davor und rundherum standen Schafe und ein Hirte. Das Jesuskindchen lag halb nackt in einem weißen Hemdchen in einer Wiege.

„Mama", flüsterte ich, da ich wusste, was sich gehörte, „Mama, das Jesuskind muss aber kalt haben. Es hat nur ein kurzes Hemdchen an. Da hat Maria aber nicht gut gesorgt."

Mutter lächelte. „Mariechen, die Mutter Gottes hatte damals nichts anderes. Es gab nur Stroh in der Hütte, in der Jesus zur Welt kam", erklärte meine Mama. „Aber warum hat sie dann ihren Schleier nicht abgenommen und ihr Kind damit eingewickelt. Du hättest das bestimmt getan!"

„Mariechen," meinte Mama, „damals trugen alle Frauen Schleier. Man bedeckte das Haar. Das gehörte sich so."

„Nackt vor anderen Leuten in der Krippe zu liegen gehört sich aber nicht, Mama. Wir dürfen doch auch nicht nackt herumlaufen", sagte ich verständnislos.

„Mariechen, das ist doch nur eine Steinfigur. Damals, als Christus zur Welt kam, hat ja niemand zugeschaut."

Da hatte Mama wohl recht. Wer konnte schon zusehen, wenn ein Kind zur Welt kam. Aber neulich im Religionsunterricht hatte der Pastor behauptet, es sei eine Sünde, nackt herumzulaufen und sich nackte Menschen anzusehen.

„Mama", versuchte ich weiter zu flüstern, „wir werden aber alle zu Sündern, wenn wir uns nackte Menschen ansehen, das hat unser Pastor gesagt."

„Das tut man auch nicht. Aber das Jesuskindchen ist ja kein Mensch. Er ist der Sohn Gottes.“

„Hat denn der liebe Gott auch eine Tochter?“ fragte Karlchen neugierig.

„Nein, er hat keine Tochter“, sagte Mama.

„Aber warum denn nicht?“ staunte Karlchen. Mittlerweile waren noch mehr Eltern mit ihren Kindern gekommen und standen um uns herum.

„Papa“, zupfte ich an seinem Arm, „Papa, wenn Gott nur ein Kind hatte, warum bringt der dann den anderen Frauen so viele Kinder?“ „Mariechen“, sagte jetzt Mutter, „du sollst nicht soviel in der Kirche reden. Das tut man nicht. Das ist auch eine Sünde.“

Warum sollte das jetzt eine Sünde sein, fragte ich mich, wo doch unser Pastor ununterbrochen im Gottesdienst redete. „Wenn das eine Sünde ist, weshalb darf dann der Pastor reden und auch noch so laut?“ entrüstete ich mich.

„Mariechen“, seufzte Mama, „der Pastor betet. Er verkündet das Wort Gottes. Das ist seine Aufgabe.“

So war das also. Der Pastor durfte reden, aber Kinder nicht. Er hatte mehr Rechte. Das konnte ich einfach nicht glauben. Gott liebte alle Menschen gleich. Das hatte selbst der Pastor schon gesagt.

„Das würde ja bedeuten, dass Gott die Pastoren mehr liebt als andere Menschen!“

„Liebt Gott die Kinder nicht mehr?“ fragte jetzt ein Mädchen, das hinter mir stand.

„Gott liebt alle Kinder", beschwichtigte dessen Mutter.

„Mariechen", mahnte jetzt mein Vater, „hör bitte auf deine Mutter. Wir werden nachher darüber reden."

„Aber das Jesuskindchen friert doch. Darf ich es nicht mit meinem Schal zudecken?" fragte ich besorgt.

„Niemand darf an die Krippe gehen. Das ist verboten!" sagte Papa.

Warum das wohl verboten war, wo doch vorher, als wir gerade in die Kirche kamen, eine Marienschwester vom Altar aus an die Krippe gegangen war, um eine Kerze anzuzünden. Das konnte ich ganz und gar nicht verstehen.

„Wieso darf dann die Schwester an die Krippe gehen und wir Kinder nicht?" bohrte ich weiter.

„Mariechen, wirst du wohl jetzt still sein!" sah mich Mutter streng an. Da war der Blick, mit dem sie sonst immer sagte, ich solle auf mein Zimmer gehen. Ich verstand, es gab verschiedene Arten, nackt zu sein und eine Sünde war nicht immer eine Sünde. Dass aber Gott jetzt auch noch Unterschiede mit seiner Liebe machte, empfand ich als ungerecht.

„Liebes Kind", sagte da plötzlich die Schwester, die inzwischen hinzugekommen war, um vor der Krippe nach dem Rechten zu sehen, „der liebe Gott hat alle Kinder lieb, Söhne und Töchter, alle sind Kinder Gottes, er macht keinen Unterschied."

„Aber zwischen den Frauen schon. Schwestern dürfen an die Krippe gehen, andere nicht!"

„Ja weißt du, wir Schwestern sind mit Gott verbunden."

„Aber wenn ich bete, bin ich doch auch mit Gott verbunden."

„Liebes Kind, Schwestern sind die Bräute Gottes. Sie weihen ihm ihr Leben."

„Dann hat Gott ja ganz viele Frauen. Das würde ja bedeuten, dass Papa noch mehr Frauen heiraten dürfte als Mama!"

„Die Liebe zu Gott ist etwas anderes als die Liebe deiner Eltern zueinander," erklärte die Schwester.

„Dann kann Gott sich selbst keine Kinder mehr machen?" fragte ich erschrocken, „hat er deshalb nur einen Sohn?"

Jetzt sahen uns alle erwartungsvoll an. Es war plötzlich ganz still in der Kirche.

„Mariechen", bemühte sich mein Vater zu erklären, „der liebe Gott hat selbst nur einen Sohn, weil er die Menschheit erlösen wollte, damit alle in den Himmel kommen können."

Das war also die Erklärung, der liebe Gott wollte nur die Menschheit erlösen.

„Papa", flüsterte ich jetzt so leis ich konnte, um nicht noch mehr zu sündigen, „Papa, hat der liebe Gott deshalb gesagt, lasset die Kinder zu mir kommen, denn ihnen gehört das Himmelreich?"

Vogelrettung

Oh kommt der Winter angeschossen,
nachts in klarem Sternenschein,
geht der Frost auf Eises Sprossen
und hüllt das Land mit Kälte ein.

Ein Vöglein, das nicht fliegen wollte,
schlittert im Köllerbach auf blanken Sohlen,
die Krallen kratzen, das Vöglein grollte,
lauthals fing es an zu johlen.

Die Ente hüpfte aufs glatte Eis,
schlurfte zum Vöglein hinüber,
hilflos saß es auf seinem Steiß,
doch wähnte die Ente sich klüger.

Sie bauschte die Federn auf zum Segel,
schwang sie und wirbelte Fahrtwind,
halb flog, halb schob sie wie ein Kegel
und packte schnell das Vogelkind.

Vereint zogen beide ans nahende Land,
das Vöglein sprang auf, fiel ins Gras,
die Ente schnatterte unverwandt.
Das war Rettung nach Entenmaß.

Als das Vöglein die Sprache wiedergefunden,
trällerte es dankend ein Lied.
Ob die beiden sich weiterhin verbunden
weiß keiner, weil es niemand verriet.

Die Weihnachtskür

Rentiers Hufe wollt nicht laufen,
Christkind lockerte die Schlaufen.
Kutsche stand auf einmal still,
Räder quietschen laut und schrill.

Kam ein Reh herbei gesprungen,
hat sich's Ziehen ausbedungen.
Christkind spannt das Rehlein an,
läuft so schnell wie es nur kann,
steht schon draußen vor der Tür.
Das war Rehleins Weihnachtskür.

Pfannenkummer

Wenn die Tanne nadelt,
ihn die Pfanne tadelt.
Sie würd gerne weiterkochen
wie in all den Weihnachtswochen,
denn nur bis Dreikönig
ist ihr viel zu wenig.

Jetzt wartet sie aufs Osterfest,
bis braten sie das Kloster lässt.
Bis dahin muss sie fasten
und ruhn im alten Kasten.

Von Weihnachtspuppen und anderen Gaben

*A*ch was war das doch für eine heilige Nacht, wenn am Nachmittag Opa und Oma anreisten, um mit uns Kindern stundenlang Karten zu spielen, wenn wir uns miteinander vergnügten voller Vorfreude auf die anstehende Bescherung. Alle lachten, es gab keinen Streit und auch – gottlob – keine Diskussionen um Politik, die Nachbarn oder zurückliegende Ereignisse, von denen wir Kinder nichts wussten und sie zu erahnen uns völlig unmöglich war.

Die ausgelassene Fröhlichkeit kam von Herzen, nicht etwa, weil sich dies so gehörte, wie meine Mutter immer zu sagen pflegte. Heiligabend war etwas ganz Besonderes; friedvoller und harmonischer kam die Familie selten zusammen. Vielleicht war das auch der Grund, weshalb in der Bibel von der heiligen Familie die Rede war?

In diesem Jahr allerdings sollte es etwas anders kommen. Greta, unser Nesthäkchen, hatte sich eine Barbiepuppe mit Ballkleid gewünscht. Es war die sogenannte „Twiggy-Zeit", je dünner, je lieber.

Wir standen also im Halbkreis um den Tannenbaum herum, Mama, Papa, Oma Rose, Oma Mariechen, Opa Anton, Greta, Karlchen und ich, Mariechen, benannt nach meiner Großmutter mütterlicherseits, - so hatte es mir jedenfalls meine Mama erzählt.

„Alle Jahre wieder" hallte es im Wohnzimmer so inniglich, dass die Glocken zum Sopran meiner Mutter anfingen zu vibrieren. „Ihr Kinderlein kommet" stimmte Oma Mariechen mit kräftiger, durchdringender Stimme an, - die hatte sie sich als Vorbeterin des Rosenkranzgebetes und durch das viele Vorsingen bei den Bitt-Prozessionen erworben - zum Schluss erklang als familiärer Festgesang das obligatorische „Stille Nacht". Die „himmlische Ruh" klang in den Glocken noch nach, als es ans Beschenken ging.

Alle erhielten, was sie sich vorher gewünscht hatten. Denn Mutter ermahnte uns bereits am ersten Advent, dem Weihnachtspostamt eine Karte zu schicken, damit das Christkindlein auch wusste, wem es was zu schenken hatte und die Zeit ausreichte, dies alles zu besorgen. Zur Sicherheit sammelte Mama deshalb die Postkarten ein und brachte sie eigenhändig, wie sie uns versicherte, zur Poststelle nach Sankt Nikolaus. Sie hielt es für eine besondere Ehre, dem Christkindchen zur Seite stehen zu dürfen.

Mama bekam eine elegante Schmuckdose mit fein duftendem Puder und Quaste. Papa bekam eine Krawatte aus Seide, Oma Rose ein Bettjäckchen, Oma Mariechen eine Porzellanvase, Opa Anton eine Schachtel feinster Zigarren aus Kuba, Karlchen ein rotes Feuerwehrauto, ich Hausschuhe mit Pelzrand und Greta eine Puppe.

Die Puppe war jedoch keine Barbiepuppe, so ein langbeiniges, schlankes, langhaariges Twiggy-Püppchen mit hohen Schuhen und buntem Ballonkleid, nein, - und Greta wechselte die Farbe- , nein, es war so ein pausbackiges, braun gelocktes Ungetüm mit riesigen Kulleraugen, die sich hin und her bewegten, wenn es gedreht wurde. Es hatte auch noch flache Schuhe und ein grün kariertes Kleid an. Greta sah recht bedröppelt aus, fing fast zu weinen an.

„Gefällt dir die Puppe nicht?" fragte Mutter besorgt, da sie diesen Gesichtsausdruck nur allzu gut kannte.

„Doch, sie ist wirklich schön", schluchzte Greta, aber jeder im Raum wusste, dass dies nicht stimmen konnte.

„Da hat das Christkindlein sich aber viel Mühe gegeben", versuchte Oma Mariechen, sie aufzumuntern.

„Ganz bestimmt. Aber wahrscheinlich hat es meine Karte nicht gelesen", wandte die traurige Greta ein.

„Deine Karte? Etwa die, die du deiner Mama immer gibst?" fragte Oma Mariechen weiter.

„Ja, genau diese Karte. Ich hatte Barbiepuppe mit Ballkleid drauf geschrieben."

„So, so, eine Barbiepuppe", staunte Oma Mariechen und sah Mama bedeutungsvoll an.

„Greta, Barbiepuppen gibt es in Wirklichkeit doch gar nicht. Vielleicht hat das Christkind dir deshalb eine Puppe wie aus dem Leben geschenkt", meinte meine Mutter vorsichtig.

„Wie aus dem Leben?" fragte Greta.

„Ja, schau, die Frauen sind doch gar nicht so dünn wie dieses Modepüppchen. Wahre Frauen haben mehr Gewicht auf den Rippen. Schließlich sollen sie ja das Leben in die Welt tragen", versuchte Mama weiter zu erklären.

„Aber Mama, Maria mit dem Jesuskind ist immer nur schlank zu sehen. Sie hat nicht viel Gewicht, sie ist fast so dünn, wie eine Barbiepuppe", wandte ich nun ein.

„Das liegt daran, Mariechen, dass sie nichts zu reißen und zu beißen hatte. Maria und Josef waren arm, weshalb sie das Kind auch in einem Stall zur Welt brachte", schaltete sich nun mein Vater ein.

„Mama ist doch auch nicht so dick wie meine geschenkte Puppe", fiel Greta auf, immer noch voll Trauer über das falsche Puppengeschenk.

„Da hast du mal wirklich Recht mein Kind. Deiner Mutter fehlen ein paar Pfund auf den Rippen", rief Opa Anton vom Sessel aus, zog genussvoll an der Zigarre und blies Kringel in die Luft.

„Ich halte nur Maß, Vater", rückte Mutter die Kritik zurecht, „es muss ja nicht jeder wie eine Dampfwalze durch die Welt laufen."

„Meinst du etwa mich"? fragte Oma Rose betroffen, „ich bin jedenfalls nur selten krank und habe meine Nerven im Griff, nicht so, wie die jungen Dinger heutzutage, die sich bis aufs Skelett abhungern, damit sie ihren Männern gefallen."

„Mama, hungerst du deshalb, um Papa zu gefallen?" fragte Karlchen voll Mitgefühl. Er fuhr sein Feuerwehrauto über der Couch spazieren und vor brummte sich hin.

„Karlchen, deine Mutter muss selbst wissen, wie viel sie wiegen soll. Von mir aus kann so noch zwei Kilo zunehmen", sagte Papa etwas gereizt.

„Dann magst du Frauen auch lieber, die mehr Gewicht haben?" fragte ich nun nach, weil ich die ganze Aufregung um das Gewicht meiner Mutter nicht verstehen konnte.

„Mariechen", sagte mein Vater jetzt, „ich liebe deine Mama so, wie sie ist, mit oder ohne Hüftgold."

„Warum versucht sie dann zu hungern?" fragte ich weiter.

„Ich hungere nicht", erregte sich Mutter nun, „ich esse so viel, wie ich kann."

„Dann bist du also auch keine Frau aus dem richtigen Leben?" befand Greta.

„Natürlich bin ich eine Frau aus dem richtigen Leben, auch wenn ich kein Übergewicht habe", beruhigte sich Mutter wieder.

„Gilt das nun wieder mir? Ich habe kein Übergewicht", entgegnete Oma Rose, „ich bin nur vollschlank."

„So, so, nennt man das jetzt so, wenn man sich nicht beherrschen kann und die halbe Schüssel Gebäck alleine auf isst", setzte jetzt Oma Mariechen nach.

„Es ist halt nicht jeder zur Bohnenstange geboren", verteidigte sich Oma Rose.

„Dann ist Maria ja gar nicht verhungert, sie ist nur so dünn, weil sie so auf die Welt gekommen ist", entfuhr es mir wie eine Blitzidee.

„Mariechen, Maria ist so dünn, weil Überfluss den Menschen selbst und anderen schadet", erklärte mein Vater jetzt.

„Warum hab ich dann so ein großes Biest bekommen anstatt eine schöne schlanke Barbiepuppe", fragte Greta völlig verunsichert.

„Vielleicht ist deine Puppe schwanger", sagte nun Opa Anton und blies noch mehr Kringel in die Luft.

„Du meinst, Opa, wenn die Puppe das Kind geboren hat, schrumpft sie zusammen?" fragte Greta.

„Puppen bekommen doch keine Kinder", verlachte sich Karlchen.

„Aber Mama, warum hat mir das Christkindlein denn so eine dicke Puppe geschenkt, wenn sie das Kind gar nicht auf die Welt bringen kann, das sie im Bauch trägt?" fragte Greta verzweifelt.

„Also", sagte Papa beschwichtigend wie immer in spannungsvollen Situationen, „die Puppe ist nur ein Spielzeug. Im richtigen Leben gibt es dünne, schlanke und vollschlanke Frauen, ganz so, wie es der liebe Gott bestimmt hat."

„Dann musste Maria gar nicht hungern. Sie war so schlank, weil der liebe Gott lieber dünne Frauen mag?" fragte ich.

„Mariechen, der liebe Gott liebt alle Menschen so, wie er sie erschaffen hat", betonte Vater noch einmal.

„Aber arme schlanke Frauen müssen ihr Kind im Stall zur Welt bringen", brachte ich meine Erkenntnis nun vor, „reiche dagegen im Himmelbett."

„Mariechen, das Christkind kam im Stall zur Welt, weil die Geburt in einem Himmelbett niemand gekümmert hätte", sagte mein Vater.

„Dann macht Gott die Menschen arm, damit andere sich um sie kümmern können?" fragte ich erwartungsvoll.

„Das ist die Nächstenliebe, Mariechen. Gott will nur prüfen, ob wir uns gegenseitig helfen", führte Vater weiter aus.

„Dann weiß er ja jetzt, dass ich lieber eine Barbiepuppe bekommen hätte", sagte Greta aufmüpfig.

„Bekommt Greta dann die Barbiepuppe noch, weil das Christkind sonst durch die Prüfung gefallen wäre, wo es doch im Himmel von gefallenen Engeln nur so wimmelt", fragte ich in die Runde.

„Feiern wir dann nächstes Jahr kein Weihnachten mehr, weil das Christkind ein durchgefallener Engel ist?" fragte Karlchen traurig.

„Natürlich feiern wir im nächsten Jahr wieder Weihnachten. Vielleicht braucht Greta nur etwas Geduld. Die heiligen drei Könige sind auch nicht am ersten Tag gekommen, um dem Jesuskind die Geschenke zu überbringen", versuchte Vater weiter, die Aufregung aufzulösen.

„Da ist es Greta ja so ergangen wie dem Jesuskind. Steht deshalb in der Bibel, eher geht ein Kamel durch ein Nadelöhr als ein Reicher in das Reich Gottes?" brach es aus mir heraus.

Abzählreime zu Weihnachten

1
Du bist der Meister, verteilst den Kleister,
du bist der Bäcker,
bäckst süße Cracker,
du bist der Weihnachtsmann
und fängst zu singen an.

2
Kerzenschein
Herzensschrein
Glockenglanz
Flockentanz
Nikolaus
kommt ins Haus
und du bist raus.

3
Dieses Rentier kann nicht laufen,
dieses muss im Fluss ersaufen,
dieses zieht den Weihnachtsmann
und du bist dran.

Greesendach

Die Greesen kummen, die Greesen kummen
Saarwellingen is volla Leit
wea haut sich ohne Maske zeit
dem fängt da Kopp laut on se brummen

weil nix me is wie't gischta woa
alles is haut gonz umgekeat
ma wääs nimme wat sich geheat
wea komisch lout dea is noch kloa

Die Greesen kummen, die Greesen kummen
die ewen iwa se gerätscht
ginn gleich moll struwellisch geplätscht
unn doot geschwätzt um se vadummen

wea anneren dòò schnell vatraut
gift rot vakusst un abgeschleppt
von Faasendbòòzen gutt geneppt
un schwupps da Geldbeidel geklaut

Danòò is alles widda rum
kään Donzmariechin Publikum
un kään Mengenkes me gemach
haut sòòn die Leit widda nua Tach
dea alte Ärnscht is widda dòò
all Greesen widda abgezòò

Die Faschingsbraut

Wer sitzt dort im Gasthaus? O sag es geschwind!
Es ist die Mutter mit dem jüngsten Kind.
Sie umarmt das Mädchen, es versprüht so viel Charme
und schaut so innig, da wird einem warm.

„Mein Kind, wohin wendest du dein Gesicht?"
„Siehst Mutter du, denn den Harlekin nicht?
Den Harlekin drüben, mit Geist und Genie?"
„Mein Kind, das wär 'ne brillante Faschingspartie."

"Ach, liebes Prinzesschen mit glitzernder Kron,
dort spielt ein seliger Walzerton.
Darf ich Sie bitten mit kühnster Hand!
Es wär eine Ehr bei dem seid'nen Gewand!"

„O Mutter, o Mutter, hörst du denn nicht,
wie vornehm der Harlekin zu mir spricht?"
„Sei ruhig, bleib ruhig, mein liebes Kind,
die Liebe macht nicht nur die Männer blind."

"O holdes Prinzesschen, darf ich bitten zum Tanz?
Ich verzehre vor Sehnsucht mich voll und ganz.
Lass uns schwingen zusammen den Faasenachtsreih'n,
und wiegen und tanzen und schunkeln zu zwein."

„O Mutter, o Mutter, und siehst du nicht dort
die spähenden Blicke am Ausschankbord?"
„Mein Kind, mein Kind, ich seh' es genau,
die Mädchen ärgern vor Neid sich grau."

”Ich liebe dich, mich reizt deine schöne Gestalt,
nicht länger bezähm’ ich des Herzens Gewalt.“
„O Mutter, er küsst mich, jetzt rührt er mich an.
Ich sag dir nicht, was er dann noch getan!“

Die Mutter lächelt, erhebt sich geschwind,
umarmt und herzt ihr verliebtes Kind.
Dem Harlekin reicht sie die Hand mit dem Laut:
„Ich gratuliere zur hübschesten Faschingsbraut.“

Der Narr

Ein Scherz, herrje, ein Scherz ist schwer,
doch mögen viele Scherze mehr
als Klagen, schlechte-Welt-Poetik,
sie lieben Reime, Wortphonetik.

Und schreibst du auf, was keimt und fleimt,
bedenke, dass dich mancher leimt,
der Herr der roten Sifte ist,
weil er den Sinn so ganz vermisst.

Dem Dichter schlägt die Richterstund:
Der Ernst beherrsche die Vernunft
und nicht das liederliche Lachen!

Da kann man nur noch Scherze machen.

Phraserie

Wer frisst sich durch das Fressen?
    Einem geschenkten Gaul schaut man ins Maul.
Vollwertige Nahrung hält länger.
    Wenn die Mäuse satt sind, wird die Milch sauer.
In der Schlagkraft liegt die Würze.
    Was dich umbringt, hält länger.
Gemeinsam schaffen wir das!
    Fäustlinge sind Handschuhe.
Kleinvieh macht auch Mist.
    Dung wird Dünger
Wer rastet, der rostet.
Jung wird jünger,
Das Alte stürzt, es ändern sich die Zeiten.
alt wird älter,
Reden ist Silber, Schreiben ist Gold
Wort wird Wörter.

Wörterei

Wenn die Wörter örtern,
werden Sätze Schätze,
wenn die Zeilen weilen,
wollen Strophen schwofen,
wenn Gedichte lichten,
Schriften sich verdichten.

Wörter, die empörter,
lassen Sätze hetzen,
Zeilen, die sich keilen,
machen aus Strophen Schrofen,
Gedichte, die sich schichten,
lassen Schriften liften.

Wenn die Wörter muskeln,
werden Sätze Fluskeln,
wenn die Zeilen eilen,
sich die Strophen teilen,
wenn Gedichte richten,
Schriften drauf verzichten.

Reimerei

Ei was wörter ich da rum,
jeder Satz ein Unikum,
jeder Vers ein Rätselraten,
muss ich mir die Strophen braten,
geb sie zweifelnd wieder her,
Reim auf Reim, ich kann nicht mehr!

Ach ihr Dichter lasst euch sagen,
Versvernichter sind wie Plagen,
nichts ist ihnen gut genug,
dumm wird dümmer, klüger klug,
und die ganz besond'ren Schreiber
machen aus dem Schwan 'nen Kleiber.

Der Dichter

Der Dichter dichtet
wenn er dichtet
was das Aug' dem Ohr berichtet
folgt er Versen auf den Füßen
müssen sie in Tinte büßen
bis sie alle blitzeblau
ja dann schau

Ausgang

Ein Kakadu küsste ein Känguru
ein Floh verfing sich im Ohr einer Kuh
ein Hund jagte hinter der Haselmaus
im Bärenfell labte sich eine Laus

wem dies nicht genug soll selber dichten
sein Augenmerk auf die Füße richten
die Verse laufen dann von allein
wer möchte da nicht gern Dichter sein

Bücher von Vera Hewener

Vermisstenanzeige. Gewidmet den ermordeten Juden des Nazi-regimes. Lyrik und Prosa. Libri BoD. Norderstedt 2000. ISBN 3-8311-0748-3. 2. erw. Auflage 2014. ISBN 978-3831107483.

Lichtflut. Reisenotizen. Lyrik und Prosa. Norderstedt 2001. ISBN 3-8311-1493-5. 2. erw. Auflage 2014. ISBN 987-3831114931.

Eine Neigung aus Blau. Gegenwartslyrik. Norderstedt 2002. ISBN 3.8311-3334-4. 2. Auflage 2014. ISBN 9783831133345

Bist Himmel mir und tausend Feuerfunken. Gedichte. Mauer Verlag. Rottenburg a/N. 2003. ISBN 3-937008-46-2.

Verwirbelungen der Zeit. Lyrik ≈mit Bildern von Carolin Isele. WiKu Éditions Paris E.U.R.L. Paris und WiKu Verlag KG Berlin 2005. ISBN 3-86553-203-9.

Es kommen andere Ewigkeiten. Gedichte. WiKu Édition Paris ISBN 2-84976-0188 WiKu Verlag 2007. ISBN 978-3-86553-189-6.

Himmelsstürme. Gedichte mit Fotografien. edition Wort Verlag Bitburg 2010. ISBN 978-3-936554-00-3.

Das Jahr: Dichtung in vier Sätzen. Gedichte mit Fotografien. BoD Books on Demand Norderstedt 2013. ISBN 978-3-7322-3168-3.

Zaubervolle Winterwelt. Gedichte, Geschichten, Notizen. Verlag BoD Books on Demand. Norderstedt 2014. ISBN 9783735761262.

Frühlingsserenade. Die schönsten Gedichte, Geschichten und Notizen zur Frühlingszeit. Verlag BoD Books on Demand. Norderstedt 2015. ISBN 978-37347-3140-2.

Die Blüte des Sommers. Sommeranthologie. Die schönsten Gedichte, Geschichten und Kalendernotizen. Verlag BoD Books on Demand. Norderstedt 2015. ISBN 978-3-7347-89540.

In der Saar schwimmen keine Krokodile. Gegenwartslyrik & Texte. Verlag BoD Books on Demand. Norderstedt 2015. ISBN 9783738635676

Von Lorraine nach Aquitaine. Reisenotizen in Lyrik und Prosa. Verlag BoD Books on Demand. Norderstedt 2016. ISBN 9783741210860.

Du trocknest meine Tränen wieder. Religiöse Lyrik & Texte. Verlag BoD Books on Demand. Norderstedt 2016. ISBN 9783743113589.

Zaubervolle Jahreszeiten. Der Frühling. Verlag BoD Books on Demand. Norderstedt 2017. ISBN 9783743125117.

Aus meinem Federkiel. Magische Momente. Natur & Seele. Gedichte. Verlag BoD Books on Demand. Norderstedt 2017. ISBN 9783744870511.

Zaubervolle Jahreszeiten. Der Sommer. Verlag BoD Books on Demand. Norderstedt 2017. ISBN 9783744870993.

„Kerzen, Wunder, Himmels-Zunder". Vera Hewener. Lustige und besinnliche Geschichten und Gedichte zur Advents- und Weihnachtszeit. Verlag BOD Books on Demand. Norderstedt 2017. ISBN 9783744893824.

Die Jahreszeiten: Auslese. Gedichte. Vera Hewener. Verlag BOD Books on Demand. Norderstedt 2018. ISBN 9783738636017

Werkausgabe Band I. Frühe Gedichte 1970-1999. Verlag BOD Books on Demand. Norderstedt 2018. ISBN-13: 9783746025292

Wer schuldig ist, entkommt nicht

Im Feld wird die Leiche eines jungen Mädchens gefunden. Die 16-Jährige Larissa wurde erdrosselt. Durch eine DNA-Analyse gerät ein abgelehnter afghanischer Asylbewerber, der erst zu einer Haftstrafe verurteilt, aber nach einer Haftbeschwerde auf freien Fuß gesetzt wurde, ins Visier der Polizei. Er kann untertauchen, bevor Pia und Bodenstein mit dem Mann sprechen können.

Auf einer Landstraße im Hintertaunus wird nachts ein Mann von einem Auto erfasst und getötet. Sein Körper ist übersät mit Bisswunden, sein Gesicht entstellt. Der Mann hatte bei einem illegalen Autorennen eine schwangere Frau getötet. Wovor ist er geflohen und wer hat ihn so zugerichtet?

Pia und Bodenstein stoßen auf immer mehr rätselhafte Todes- und Vermisstenfälle und auf eine Parallele zum Mordfall Larissa. Ohne es zu ahnen, steuern sie auf eine Katastrophe zu.

Nele Neuhaus
Monster
Kriminalroman

Klappenbroschur
Auch als E-Book erhältlich
www.ullstein.de

ullstein

Das THRILLER-Ereignis des Jahres!

Im morgendlichen Schneegestöber an der Berliner Siegessäule steht ein verlassener Kleinlaster. Auf der Ladefläche findet die Polizei eine halbnackte tote Frau. Jemand hat ihr mit roter Farbe etwas auf den Körper geschrieben - die Privatadresse des Bundeskanzlers.

Am Tatort trifft die unerfahrene und ehrgeizige Kommissar-Anwärterin Nele Tschaikowski auf den berüchtigten Ermittler Artur Mayer. Was sie nicht wissen: Das ist kein Zufall.

Kurz darauf tauchen auf einer Enthüllungsplattform im Netz Videos von der Toten auf, und der Fall nimmt eine dramatische Wende.

Marc Raabe
Der Morgen
Thriller

Taschenbuch
Auch als E-Book erhältlich
www.ullstein.de

ullstein